Den Bodensee erfahren

Barockkirche im schweizerischen Steinach (Tour 19)

Benedikt Grimmler

Den BODENSEE erfahren

25 Radtouren durch malerische Landschaften, zu reizvollen Städten und zu kulturellen Highlights

BRUCKMANN

Das Ortszentrum von Hilzingen im Hegau (Touren 3 und 4)

Inhalt

OBERSCHWABEN UND BAYERN – AM ALPENRAND

Blick von Überlingen auf den gegenüberliegenden Bodanrück (Tour 8)

VORARLBERG, ST. GALLERLAND, APPENZELL – AM ÖSTLICHEN BODENSEE

Die Oberstadt von Bregenz (Tour 16)

Schloss Arenenberg im Thurgau (Tour 22)

THURGAU UND SCHAFFHAUSEN – IM SÜDEN UND WESTEN

Einführung

Kultur er-fahren – in der Natur

Wo kann man von der Römerzeit direkt ins Zeitalter der Dampfschiffe fahren? Von den Tagen der Eiszeitgletscher zu den Hütten der Pfahlbautenbewohner? Im Schatten von Vulkanbergen in den Hof eines Barockschlosses? Vom gotischen Münster zur Luftschiffwerkstatt? Und dies alles in steter Begleitung einer einmaligen Seelandschaft – in gleich drei verschiedenen Ländern? Nun, der Bodensee macht's möglich. Eine uralte Kulturlandschaft, geprägt und geformt von der Eiszeit und den Vulkanen des Hegaus, besiedelt seit über 6000 Jahren von Steinzeitmenschen, die sich in Pfahlbauten um den See niederließen, von Kelten, die erste größere Siedlungen errichteten, von Römern, die eine erste höhere Zivilisation brachten mit Städten und Kastellen, von christlichen Missionaren, die im frühen Mittelalter wichtige Klöster gründeten wie St. Gallen und die Reichenau, von den Reichsstädten des Mittelalters wie Überlingen, Ravensburg und Lindau, von Barockbaumeistern, die sich in der Birnau, dem Schloss auf der Mainau oder der St. Gallener Kathedrale verewigten, von Künstlerinnen und Künstlern aller Art, Malern, Dichtern, Bildhauern und auch von Erfindern wie dem Grafen Zeppelin. Naturschutzgebiete von europäischem Rang befinden sich in direkter Nachbarschaft zu UNESCO-Weltkulturgütern. Und die Kultur steht nicht nur stumm in der Landschaft oder liegt hinter Museumsmauern verborgen, sondern ist weiterhin lebendig, zum Beispiel in den Bregenzer Festspielen, der Fasnacht, Wasserprozessionen und Blutritten. Unsere Touren sind dazu da, Sie mit alldem vertraut zu machen, auf Entdeckungsreise zu gehen, um ihre Er-Fahrungen zu bereichern.

Zentrum des gleichnamigen Kantons: Sankt Gallen (Tour 20)

Grenzenlos um den See

Und das Schöne daran: Man ist immer international unterwegs. Über die Ländergrenzen hinweg, die bestenfalls noch durch ihre Wappenschilder auffallen, und auch innerhalb der Staaten ist man schnell beim Nachbarn, von Baden nach Schwaben, von Schwaben nach

Bewacht die Schweizer Grenze: Burgruine Rheineck (Touren 18 und 19)

Bayern, von Vorarlberg nach Liechtenstein, vom Thurgau in den Kanton Schaffhausen. Man kann die kleinen Unterschiede und die vielen Gemeinsamkeiten er-fahren. Die Region um das mit gut 540 Quadratmeter Fläche und 273 Kilometer Uferlinie zu den größten Seen Mitteleuropas zählende Gewässer bietet auf kleinem Raum große Vielfalt – und dies nicht nur sprachlicher Natur (zu den einheimischen Dialekten kommen noch die Sprachen der vielen Touristen).

Wer's genau nimmt, müsste eigentlich von den Bodenseen sprechen, denn dieser besteht aus drei Teilen: dem großen Obersee zwischen Konstanz und Bregenz, dem südwestlichen Untersee zwischen Kreuzlingen und Stein am Rhein und dem nördlichen Überlinger See zwischen Meersburg und Ludwigshafen. Politisch kommen die angrenzenden Länder hinzu: Deutschland, die Schweiz und Österreich sowie das sehr nahe gelegene Liechtenstein. Warum der Bodensee »Schwäbisches Meer« genannt wird, erschließt sich daraus nicht unbedingt: Die schwäbische »Küstenlinie« ist nach der österreichischen, auch unter Hinzuziehung des bayerischen Teils um Lindau, die kürzeste. Badisches oder Thurgauer Meer wäre zutreffender, aber da die Schweizer ihre nördlichen Nachbarn in früheren Tagen summarisch als »Schwaben« bezeichneten, ergibt der Name wiederum durchaus Sinn. Die drei Länder teilen sich übrigens den See als internationales Kondominium – eine eigentliche Grenze gibt es auf dem Obersee nicht. Auch die prägenden Landschaften um den See lassen sich grob in drei geografische Regionen unterteilen: im Norden der Linzgau mit dem südlichen Oberschwaben von Überlingen bis Lindau, eine durch die Eiszeit mit ihren Moränenhügeln geprägte Gegend – die Periode der Erdgeschichte, der wir auch den Bodensee verdanken. Eine Besonderheit ist der

Hegau im Westen um Singen und Engen, eine Vulkanregion, in der auch der Laie die einstigen Vulkanschlote mit bloßem Auge erkennen kann. Und schließlich das Voralpenland im Osten und Süden, von Bregenz bis Schaffhausen, Vorposten in den beiden alpinen Ländern Österreich und Schweiz.

Radeln um den Bodensee

Was bedeutet diese Landschaft für unsere Touren? Sehr grob gesprochen den Unterschied zwischen einem hügeligen Hinterland und einem sehr flachen Ufergebiet. Der See selbst erstreckt sich auf ziemlich genau 400 Meter über NN (etwas knapp darunter), seine unmittelbare Umgebung geht teils sehr schnell hinauf auf bis zu 1000 Meter. Für uns ergeben sich daraus zumeist sehr angenehme, so gut wie steigungslose Kurse entlang des Ufers und kleinere Auf- und Abstiege im Umland, da wir nicht in die großen Höhen der Voralpen vorstoßen. Unser Augenmerk liegt ja auf der Umgebung, den kulturellen und naturgeschichtlichen Besonderheiten, wir wollen weder Geschwindigkeits- noch Höhen- oder Längenrekorde aufstellen, sondern den Bodensee mit seinen verschiedenen Facetten gemütlich und umweltschonend kennenlernen.

Die Strecken haben sehr unterschiedliche Längen von kaum zehn bis 50 Kilometer, sind also so angelegt, dass genügend Zeit bleibt, um die vorgestellten Städte, Klöster, Museen und auch Bäder, Naturparks oder

Idyll in Steinach am Bodensee (Tour 19)

Blick vom Schweizer Ufer auf die Reichenau (Tour 2)

Spielplätze ausgiebig zu erkunden. Aufgrund dessen sind insbesondere die Stadtkurse an Kilometern kurz, damit Ihnen viel Zeit bleibt, um Erkundungen in den Orten vorzunehmen und öfter mal abzusteigen. Wem umgekehrt manche Strecke dann doch zu wenige Kilometer hat, der kann sie gerne – siehe Tipps im Kästchen – zu anderen Orten oder mit weiteren beschriebenen Touren verlängern. Zudem ist angegeben, ob die Tour familientauglich ist, als Ausschlusskriterium hierfür dient vor allem das Befahren von verkehrsreichen Straßen. Die angegebene Einstufung von »leicht« über »mittel« bis »schwer« ist selbstverständlich immer auch subjektiv. Die Touren nah am Ufer wird sicher kaum jemand als besonders anstrengend empfinden, anders vielleicht beim Anstieg auf der ein oder anderen Steiluferstrecke oder dem Auf und Ab im Hinterland. Wenn sich eine Tour schwieriger gestaltet, ist dies im Text und bei der Kurzcharakteristik gesondert vermerkt. Tatsächlich schwer ist für einigermaßen geübte und erfahrene Radfahrer keine der Touren, da wir uns, wie erwähnt, Ausritte ins Hochgebirge verkneifen.

Einige Tipps vor dem Start

Unser Startpunkt ist fast immer ein Bahnhof, sofern vorhanden. Das dichte ÖPNV-Netz aller drei Länder ist überwiegend gut aufeinander abgestimmt. Aber nicht vergessen: Wir sind in einer Grenzregion. Obwohl alle Staaten dem europäischen Schengener Abkommen beigetreten sind – auch die Schweiz –, müssen Sie sich trotz verwaister Zollhäuschen natürlich ausweisen können, den Personalausweis oder Reisepass also bei sich haben. Ob eine Tour über eine Ländergrenze führt, finden Sie unter »Tourencharakter« jeweils extra noch einmal vermerkt. In Österreich und der Schweiz sind die Autobahnen mautpflichtig. Und als Nichtschweizer brauchen Sie naturgemäß den ein oder anderen Franken – in den größeren Grenzstädten am Nordufer gibt es diese oftmals bequem am Bankautomaten. Wichtig: In Österreich gilt Helmpflicht für Kinder unter 12 Jahren – auch wenn diese nur hinten im Anhänger sitzen!

Eine Empfehlung für alle Bodenseebesucher ist das Bodenseeticket für den gesamten Nahverkehr der drei Länder, großzügig ausgedehnt bis ins Hinterland. Gültig für die Busse und Bahnen sowie die Fähren, als Bonus mit 25 Prozent Rabatt auf die Schiffe der Weißen Flotte. Die Karte gibt es sehr preisgünstig in verschiedensten Varianten als Tageskarte Einzel und für Gruppen, für drei Zonen oder den Gesamtbereich, für einen Tag oder als Dreitagespass und – für uns besonders wichtig – auch als Fahrradkombi. Mehr Infos unter: www.bodensee-ticket.com.

Markierungen und Karten

Die Bodenseeregion ist buchstäblich ausgezeichnet für Radfahrer. Die Wege sind bestens in Schuss gehalten, überwiegend hervorragend ausgeschildert und oft auch in das internationale Radwegenetz eingebunden. International sind natürlich auch die Beschilderungen: In Deutschland

Der alte Ortskern von Sulgen (Tour 24)

sind die Radwege mit blassgrüner Schrift auf weißem Grund gekennzeichnet, in Vorarlberg ist es eine weiße Schrift auf einem kräftigen Dunkelgrün. In der Schweiz weisen weinrote Schilder mit weißer Schrift Radfahrern verlässlich den Weg. In grenznahen Regionen kann es schon mal sein, dass dort die Markierungen des Nachbarlands vorherrschen. Insgesamt aber, unterstützt durch gutes Kartenmaterial, ist die Orientierung eine problemlos zu bewältigende Kunst, auch wenn wir uns nicht immer an die durch Markierungen vorgegebene Routen halten, sondern hier und da die Schilder Schilder sein lassen, um die ein oder andere Abkürzung zu nehmen oder einen Abstecher zu einer Sehenswürdigkeit zu absolvieren.

Arbon von Steinach aus gesehen (Tour 19)

Kartenmaterial für die Region gibt es reichlich. Detailreich, exakt und informativ sind die Karten des baden-württembergischen Landesamts für Geoformation und Landesentwicklung (LGL), die Ausgaben F 529 (Östlicher Bodensee) und F 511 (Westlicher Bodensee) umfassen das gesamte internationale Bodenseeufer und großzügig das deutsche Hinterland (Höri, Hegau, Linzgau) im Maßstab 1:50 000 mit Rad- und Wanderwegen. Vom LGL gibt es auch eine Gesamtkarte für Radfahrer im gröberen Maßstab 1:75 000. Den Gesamtraum umfassen auch die Euregio Bodensee (1:75 000), die Schweizer Bodensee-Karte von Kümmerli+Frey (2, 1:60 000 – mit fast komplettem Thurgau) und die zweiteilige von Kompass (11, 1:35 000), vom gleichen Verlag ist die ebenfalls zweiteilige Ausgabe Vorarlberg für unsere Touren im Westen des Bundeslands hilfreich (292, 1:50 000). Es gibt aber in den örtlichen Buchhandlungen und Tourismusbüros zahlreiche weitere sehr gute Radwegekarten – einfach umschauen und nachfragen!

Hegau, Bodanrück und Linzgau – am Nordufer

Bodenseeklassiker: der Zeppelin, die Fähre, die Meersburg (Tour 10) (o. li.). St. Peter und Paul auf der Reichenau (Tour 2) (o. re.). Am Konstanzer Hafen (Touren 1 und 11) (u. re.). Die Birnau thront über den Weinbergen (Tour 8) (u. li.).

1

Vom Konzil zur Blumeninsel

Konstanz – Insel Mainau

Leicht | 15 km | 20 Hm | 1.00 Std.

Highlight: Stadtspaziergang

Tourencharakter
Bis Allmannsdorf Radwege durch die Stadt, dann etwas ruhiger und überwiegend flach in Seenähe. Mit im Stadtverkehr erfahrenen Kindern machbar – viele Spielplätze und Strandbäder am Hörnle und in Egg

Ausgangs-/Endpunkt
Konstanz Münsterplatz

GPS
47.663590, 9.175345

Anfahrt
Bahn: Zum Bahnhof Konstanz mit IC-, IRE- und S-Bahn-Zügen aus Deutschland und der Schweiz
Auto: Über die Schweizer Autobahn A7 von Zürich, auf deutscher Seite über die B33

Für Radfahrer
In Konstanz gibt es mehrere Radläden, u.a. direkt am Bahnhof und nahe des Münsters. Mit dem »kon-rad« existiert ein Fahrradverleih für das Stadtgebiet.

Anschlusstouren
Tour 2 (Reichenau), Tour 10 (Meersburg), Tour 21 (Kreuzlingen), Tour 22 (Gottlieben)

Einkehr
Konstanz, Mainau

Karte
Stadtplan Konstanz, LGL F511
Westlicher Bodensee, 1:50000

Information
Touristinformation, Bahnhofplatz 43 (im Bahnhofsgebäude), D-78462 Konstanz, Tel. 0049/(0)7531-133030, www.konstanz-tourismus.de

Sie ist die größte Stadt am Bodensee und hat kulturell einiges zu bieten. Schon die Römer fühlten sich hier wohl, im Mittelalter Bischöfe und Päpste und heute viele Touristen.

Konstanz – römische Siedlung und Grenzfeste Ab 600 bis 1821 Bischofssitz eines der größten Bistümer Europas. Konzilsstätte 1414 bis 1418, wo aus drei Päpsten wieder einer und Jan Hus verbrannt wurde. Stadt der Klöster, Kirchen und Kaufmannshäuser. Degradierte Reichsstadt und österreichische Landstadt. Einstiges Textil- und heutiges Tourismuszentrum. Universitätssitz und Kulturmetropole. Einzige deutsche Stadt südlich des Rheins. Größte Stadt am Bodensee. Und manches mehr ist Konstanz, direkt auf der Schweizer Grenze gelegen, bekannt zudem als Drehort internationaler Filme und heimischer Krimis, für seine Fasnacht und das Seenachtsfest, das Sea-Life-Center und seine Museen. All dem, Vergangenheit und Gegenwart, begegnen Besucher auf Schritt und Tritt, alten römischen Ruinen un-

ter dem Münsterturm, dem Jan-Hus-Denkmal, den vielen Klöstern und Kirchen, die heute als Gotteshäuser, Kulturzentren oder Restaurants dienen, den Bodenseefischern in der Konstanzer Bucht und den Studierenden, Touristen und Alteingesessenen auf den Seepromenaden und in den Strandbädern.

Konstanzer Hafensilhouette: Das Konzil (li.), St. Stephan und das Münster

Linke Seite: Das Denkmal für Ferdinand von Zeppelin im Vordergrund, die Imperia im Hintergrund, dazwischen die historische Fähre

Start in der City Wo könnte man sich also besser auf den Drahtesel schwingen als unter dem altehrwürdigen Turm der gotischen Münsterkirche mit ihrer alten Krypta und dem nur teilweise erhaltenen, aber beeindruckenden Kreuzgang? Vor dem Hauptportal lagern unter dem Kieselpflaster die Reste des einstigen spätrömischen Kastells Constantia, vorbei am Stadtmodell und der einstigen Jesuitenkirche geht es für uns via Brückengasse durch den historischen Stadtteil Niederburg geradeaus am Kloster Zoffingen und der Spitalkellerei vorbei, bevor wir links auf den Radweg abbiegen, der uns nun in einer Schleife auf die Rheinbrücke neben dem früheren Torturm führt. Haben wir diese überquert, biegen wir wiederum links in die nächste Schleife und fahren unter der Brücke hindurch auf die Seestraße mit ihren edlen Gründerzeitbauten. Hier geht

Bodensee-Erfahrung: Blumeninsel Mainau

Die Insel hat an 365 Tagen jeweils von Sonnenaufgang bis Sonnenuntergang geöffnet. Die Gebäude (Schmetterlingshaus, Schloss, Palmenhaus) öffnen jeweils spätestens um 10 Uhr, meist bis 17 Uhr, das Palmenhaus und die Restaurants im Sommer länger. Winter- und Sommereintrittspreise unterscheiden sich deutlich, dafür gibt es im Sommer ab 17 Uhr halbe Preise. Die Blumensaison beginnt im März und endet Anfang Oktober. Höhepunkte sind die Rosenblüte im Juni, die Sonnenblumenfelder im Hochsommer und die abschließende Dahlienschau Ende September.

es lange an der Promenade auf dem Radweg entlang, bis dieser schließlich am Jachthafen links in die Hebelstraße einmündet. Diese fahren wir bis zur Kreuzung und dort rechts in die Eichhornstraße, die uns an den Rand des Lorettowalds bringt, wo wir die Straßenseite wechseln und anschließend auf dem Radweg in den Wald eintauchen – dabei bleiben wir geradeaus noch immer entlang der Eichhornstraße. Am Waldhaus Jakob mündet unser Radweg auf die Jakobstraße, die nun links ansteigend in den Wald einbiegt. Nach dessen Ende geht es noch weiter geradeaus bis zum Kreisel in der Siedlung, hier wenden wir uns rechts in die Lindauer Straße, deren Verlauf wir folgen, bis diese in der Staader Straße endet. Wir zweigen bergauf kurz links ab, doch sofort in die nächste Straße – die schmale Hoheneggstraße – rechts, die bis zur B 33 führt, die wir vorsichtig queren, direkt gegenüber geht es nun weiter, durch das Brauereigelände und nun weiter stets geradeaus an Seehäusern vorbei bis Egg. Dort nach Ende des Wegs links hoch und an der kleinen Dorfkapelle wieder rechts auf den schönen Alleeweg hin zur Insel Mainau.

Die berühmteste Insel des Bodensees Vor deren Eingang angekommen, müssen Sie auf die vielen Fußgänger achten, die auf die Insel drängen. Denn unzweifelhaft ist ein Besuch auf der Insel natürlich Pflicht für den Kunstliebhaber und/oder Freund von Flora und Fauna. Seit Beginn des 13. Jahrhunderts gehörte die Insel dem Deutschen Ritterorden, der vor Ort zahlreiche Spuren hinterließ – und dem auch viele Orte des Bodanrücks untertan waren. Der Orden errichtete hier eine Kommende, einen Verwaltungssitz, auf den Resten einer alten Burg des Klosters Reichenau. Zur Festung ausgebaut, zeugen heute noch die vereinzelt an den Wegen stehenden Türme und die Fundamente des Schlosses von der einstigen Wehrhaftigkeit. Das Schloss mit der Kirche dagegen diente später vor allem der Repräsentation. Beide gehen auf den Ordensbaumeister Johann Caspar Bagnato zurück und entstanden Mitte des 18. Jahrhunderts. Mit dem Übergang an Baden durch die Säkularisation gelangte die Insel sozusagen in Privatbesitz, das badische Herzogshaus vererbte sein Eigentum später an die schwedische Verwandtschaft aus dem Hause Bernadotte, die noch heute die Mainau besitzt und sie für den Tourismus geöffnet hat. Das milde Klima ausnutzend wurde ein einziger großer Garten mit heimischer und vor allem exotischer Pflanzenwelt geschaffen. Dazu kommen ein Streichelzoo, Schmetterlingshaus, Palmenhaus, ein riesiger Spielplatz und viele Restaurants. Und in der Schlosskirche wird zudem sehr gerne geheiratet, kein Wunder bei dieser Kulisse.

Rückfahrt in die Stadt Vom Inselausgang fahren wir durch die Allee wieder bis nach Egg zurück, biegen aber nun an der Kapelle rechts ab, am Spielplatz vorbei, danach kurz die Kurve hoch über die Holzbrücke. Vor uns liegt der breite und bunte 1960er-Jahre-Bau der Universität. Wir wenden uns links und fahren unterhalb der Uni entlang, an der nächsten Kreuzung links bis zur Unterführung, hindurch und auf der anderen Seite rechts den kleinen Berg hoch. Wir kommen nach Allmannsdorf, hier an der Straße entlang bis zur Großkreuzung unterhalb der einstigen Deutschordenskirche, geradeaus bleiben und auf dem Radweg an der B 33 bis zurück in die Innenstadt. Wer möchte, kann hier noch eine Runde auf der Laube, sozusagen dem Altstadtring, um die innere Stadt fahren, vorbei unter anderem am modernen Peter-Lenk-Brunnen und dem mittelalterlichen Schnetztor.

Linke Seite oben: Die Lorettokapelle auf dem Staader Berg

Linke Seite unten: Die prachtvolle Allee zur Insel Mainau

Guten Appetit

Das Felchen ist der bekannteste Bodenseefisch. In zahlreichen Gaststätten und Restaurants wird es – oder auch andere Fische aus dem See – in Konstanz den Gästen angeboten. Wer genau hinschaut, etwa bei der Überquerung der Rheinbrücke, kann immer wieder die Fischer in ihren kleinen Booten bei der Arbeit auf dem Wasser beobachten.

2 Rundkurs auf dem Weltkulturerbe

Die Insel Reichenau

Leicht | 14 km | 15 Hm | 1.00 Std.

Highlight
Sehenswürdigkeit

Tourencharakter
Auf dem Damm und der Insel ist man naturgemäß flach unterwegs, der Radweg ist sehr gut markiert, im Süden ist man aber nicht sklavisch an diesen gebunden. Für Familien geeignet.

Ausgangs-/Endpunkt
Reichenau, Bahnhof

GPS
47.689446, 9.126059

Anfahrt
Bahn: Mit dem Seehas (Konstanz–Engen) nach Reichenau (Baden); die nächsten größeren Bahnhöfe sind Allensbach und Konstanz (beide mit IRE-Anschluss).
Auto: Die B 33 Singen–Konstanz führt direkt zum Beginn des Damms.

Für Radfahrer
In Reichenau-Waldsiedlung (auf dem Festland) gibt es einen Fahrradladen.

Anschlusstouren
Tour 1 (Konstanz)

Einkehr
Reichenau

Karte
LGL F 511 Westlicher Bodensee, 1:50 000,
Inselplan Reichenau

Information
Touristinformation, Pirminstraße 145, D-78479 Reichenau,
Tel. 0049/(0)75 34-920 70,
www.reichenau-tourismus.de

Sie ist eine kleine Insel, aber die größte Insel des Bodensees, sie ist UNESCO-Weltkulturerbe dank dreier romanischer Kirchen, dazu Gemüse-, Garten- und Fischereihochburg und Naturschutzgebiet von europäischem Rang: die Reichenau.

Klöster und Gemüse Vor der Stadtinsel Lindau und der Blumeninsel Mainau ist die Gemüseinsel Reichenau mit ihren 430 Hektar das größte Eiland des Bodensees – und das Attribut ist durchaus verdient, denn mit 240 Hektar an Beeten und Gewächshäusern wird über die Hälfte der Fläche für den Anbau von Salaten, Zwiebeln, Blumen und Co genutzt. Zu verdanken haben wir dies – wie fast alles auf der Reichenau – den Mönchen, die einst 724, angeführt von dem Wanderbischof Pirmin, hier ihre erste Niederlassung gründeten, um die Alamannen endgültig zu bekehren. Das Inselkloster wurde bald eines der

bedeutendsten Europas, gefördert von den Karolingern. Die Äbte berieten und begleiteten die Kaiser des Frankenreichs, ihre Klosterschule wurde zum Ausbildungszentrum der geistigen und geistlichen Eliten im 8. und 9. Jahrhundert. Um das Jahr 1000 war die Reichenau zudem ein Hort der europäischen Kultur, die Buchmalereien der dortigen Schreiber eine hochgeschätzte Kunst. Die noch vorhandenen Kirchen – es waren einmal bedeutend mehr – entstammen diesem Zeitalter. Seit dem Hochmittelalter ging es schließlich bergab, die Mönche sahen sich eher als Herren statt als Geistliche, lebten in hübschen Häuschen und vor allem über ihre Verhältnisse. 1542 ging die Reichenau in den Besitz des Konstanzer Fürstbischofs über, 1757 wurden die letzten Klosterbrüder vertrieben. Doch ihre zahlreichen Hinterlassenschaften blieben – und wurden als kulturelles Gesamtkunstwerk im Jahr 2000 zum UNESCO-Weltkulturerbe ernannt. Seit 2001 leben auch wieder Benediktiner auf der Insel.

Die herrliche Allee auf dem Damm zur Insel Reichenau

Linke Seite: Blick von der Reichenau hinüber auf den Thurgauer Seerücken

Über den Damm Unsere Inselreise beginnt auf dem Festland, vom Bahnhof Reichenau südlich am neu gebauten Naturschutzzentrum vorbei über die Brücke auf den 1838 aufgeschütteten Fahrdamm. Dieser beginnt an der barocken Kindlebildkapelle (17.Jh.), die jetzt den Übergang zur Reichenau beschützt. Der Weg über diesen Damm ist in jedem Fall ein erster Glanzpunkt unserer an Höhepunkten nicht armen Strecke: Als geradlinige Allee führt er mitten durch das Wollmatinger Ried, eines der ältesten und größten Naturschutzgebiete der Region (mit 767 Hektar deutlich größer als die Insel). Dieses Schilfmeer

Guten Appetit

Man muss es eigentlich nicht extra erwähnen, aber natürlich deckt man sich auf der Reichenau ordentlich mit Gemüse ein. Angebot in Hülle und Fülle ist vorhanden, direkt von den Erzeugern, vom klassischen Einheimischen bis hin zu Exotischerem. Gesunde Ernährung von der Insel!

ist nicht nur die Heimat zahlreicher seltener Pflanzen- und Tierarten, sondern auch Zwischenstation Tausender von Zugvögeln auf ihrer Reise in den Süden und zurück. Auch die Natur, nicht nur die Kultur, der Reichenau präsentiert sich als von europäischem Rang. Informationen zum Ried bietet das erwähnte Naturschutzzentrum am Bahnhof. Knapp zwei Kilometer geht es über den Alleendamm, bis wir links auf eine Ruine stoßen. Die Burg Schopflen lag einst auf einer kleinen Vorinsel und wurde von den Äbten Mitte des 13. Jahrhunderts als Wohnsitz erbaut. Doch kaum 100 Jahre später (1369) wurde sie von Konstanzer Bürgern in einem Streit zerstört und größtenteils dem Verfall überlassen, nur ein kleiner Teil wurde Jahrhunderte später wiederaufgebaut. Die wuchtigen Steinmauern sind im Innern heute mit einer Aussichtsplattform ausgerüstet, mit der man ins Ried, nach Konstanz und hinüber auf den Thurgauer Seerücken blicken kann.

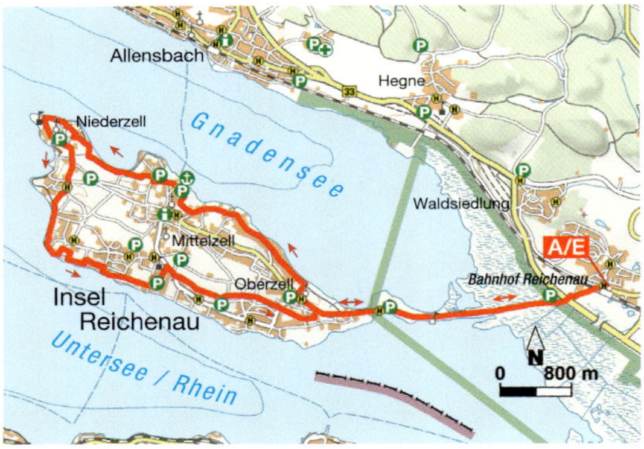

Pirmin, Gründer der Abtei Reichenau, begrüßt die Gäste »seiner« Insel.

Oberzell Der Klostergründer Pirmin begrüßt uns beim Betreten der eigentlichen Insel Reichenau. Wir bleiben auf dem Radweg an der Straße und fahren schließlich rechts den Weg hoch zur Kirche St. Georg. Durch den klassisch schönen Eingang dieser am Ende des 9. Jahrhunderts erbauten und später nur noch gering veränderten Kirche gelangen wir ins Innere, das schlichte romanische Eleganz ausstrahlt. Naturgemäß erregen ihre Fresken an den Langhauswänden die größte Aufmerksamkeit, die Bilder aus dem 10. Jahrhundert erzählen die Wunder Jesu, eingerahmt von bizarren geometrischen Mäandern. Mehr über die Kirche erfährt man im benachbarten modernen Würfelbau – jedes der drei Gotteshäuser verfügt über ein eigenes Museum. Von St. Georg fahren wir hinunter zum Ufer und dieses entlang bis kurz vor Mittelzell. Wir bleiben auf der Seestraße und biegen schließlich rechts ab zum Hafen am Ufer vorbei am Kräutergarten des Abts Walahfrid Strabo.

Wächst scheinbar aus dem Gemüsebeet: St. Georg in Oberzell

Mittelzell Hier ist ein Abstecher nach links hoch zur nächsten Kirche Pflicht. Erneut stehen wir vor einem beeindruckenden romanischen Kirchenbau, dem Westwerk des Münsters St. Markus und Maria. Hier hatte Pirmin das erste Kloster gegründet und die erste Kirche errichtet, die im Laufe der ersten Jahrhunderte mehrfach erneuert, erweitert und umgebaut wurde. Doch nach dem 11. Jahrhundert erfolgte mit dem Anbau des spätgotischen Chors (15. Jh.) nur noch eine große Veränderung. Darum besitzen wir auch hier ein wunderbares romanisches Bauwerk mit der im Innern herrschenden typischen Atmosphäre. Sämtliche Jahrhunderte haben zur Ausstattung beigetragen, die sich über den weiten Raum verteilt – über die Kirchen, ihre Ausstattung (und mehr) informiert der ausliegende Kirchenführer, der zum vertieften Genuss zu empfehlen ist. An die einst reiche Vergangenheit erinnert zudem die Schatzkammer des Münsters. Auf dem Vorplatz wenden wir uns wieder rechts und kurz

Das Zentrum der Insel: Mittelzell mit seinem Münster

Und wieder die Verbindung von Gemüse und Kunst: St. Peter und Paul in Niederzell

darauf links in die Schulstraße, der wir bis zum Sportplatz folgen, an dem wir links vorbeifahren, wieder nahe ans Ufer, wo wir uns stets rechts halten, auch in der kleinen Siedlung Im Winkel, wo wir jedoch anschließend sofort links abbiegen, an der nächsten Kreuzung noch einmal rechts in die Fischergasse. Nun geht es links hoch zur nächsten Kirche.

Niederzell Die Doppelturmfassade von St. Peter und Paul mutet gotisch an, doch gilt dies nur für die Turmspitzen und die Chorverkleidung. Insgesamt haben wir einen stilreinen Bau aus der Zeit um etwa 1080 bis 1135 vor uns. Es ist der zweite, nachdem sich hier kurz vor 800 der exilierte Bischof von Verona, Egino, nieder-

Bodensee-Erfahrung: Kleiner Reichenauer Zitatenschatz

»Dort, wo der Rhein von den Höhn der ausonischen Alpen herabfließt,/ Weitet er sich gegen Westen und wird zum gewaltigen Meere./ Mitten in dieses Meeres Flut erhebt sich die Insel,/ Aue wird sie genannt, ringsum liegen Deutschlands Gebiete;/ Sie aber bringt hervor der Mönche treffliche Scharen.«
(Abt Walahfrid Strabo, 9. Jh.)

»Reichenau, grünendes Eiland, wie bist Du vor andern gesegnet,/ Reich an Schätzen des Wissens und heiligem Sinn der Bewohner,/ Reich an des Obstbaums Frucht und schwellender Traube des Weinbergs:/ Immerdar blüht es auf dir und spiegelt im See sich die Lilien.«
(Bischof Ermenrich von Ellwangen, 9. Jh.)

gelassen hatte. Aus seiner Zeit stammen Bruchstücke der karolingischen Chorschranke und die Altarplatte, auf der zahlreiche Namen eingraviert wurden. Die reich bemalte Apsis wurde um 1100 gestaltet, ein interessanter Kontrast zur romanischen Schlichtheit ist der üppige Stuck des Barockzeitalters. Das dazugehörige Museum befindet sich diesmal direkt nebenan in einer früheren Kapelle. Über den Friedhof kommt man rechts zur Burg Windeck, auch »Bürgle« genannt. Womöglich hatte der Abt sie als Ersatz für die zerstörte Burg Schopflen errichtet, der heutige Bau entstammt allerdings der Zeit um 1630.

Zurück auf der Südseite Von Niederzell aus geht es über die Niederzeller Straße auf die Südseite der Insel. Der Radweg verläuft hier nur noch sehr selten am Ufer, sondern windet sich durch die zerstreuten Siedlungen und vor allem die zahlreichen Glashäuser der Gemüsebauern. Der Verlauf kann nicht in jeder Einzelheit beschrieben werden, ist jedoch aus zweierlei Gründen völlig unproblematisch: An allen Kreuzungen ist die Richtung deutlich sichtbar auf den Weg selbst gemalt und letztlich führt immer ein Weg in die richtige Richtung. Sie sind also relativ frei in der Auswahl, wie Sie nach Unterzell zurückkommen. Verfahren ist ohnehin unmöglich, da wir ja auf einer Insel sind. Der offizielle Radweg führt am Rand von Mittelzell um Schloss Königsegg (16./19. Jh.) herum und unterhalb der Hochwart entlang, dem höchsten Punkt der Reichenau (439 m) mit Rundumblick, durch die Weinberge. Schließlich trifft er kurz vor Beginn des Inseldamms wieder auf die Pirminstraße, rechts geht es nun über den Damm wieder zurück zum Bahnhof auf dem Festland.

Schloss Königsegg liegt nahe an Mittelzell …

… Burg Windeck, das »Bürgle«, nahe bei Niederzell.

3 Unter Vulkanruinen

Engen – Hilzingen – Singen

Mittel | 24 km | 50 Hm | 1.30 Std.

Highlight Naturparadies

Tourencharakter
Mit wenigen Ausnahmen auf geteerten Radwegen. Einige kleinere und ein längerer Anstieg am Hohentwiel, ansonsten flach

Ausgangspunkt
Engen, Bahnhof

Endpunkt
Singen, Bahnhof

GPS
47.856194, 8.772991

Anfahrt
Bahn: Der Bahnhof Engen liegt an der SBB-Regionalbahn Seehas und dem IRE von Konstanz nach Engen. Der nächstgelegene überregionale Bahnhof ist Singen am Hohentwiel mit IC-Verbindungen nach Stuttgart und Zürich sowie IRE nach Basel und Ulm, Konstanz und Karlsruhe.
Auto: Engen befindet sich direkt an der Autobahn A81 Stuttgart–Singen, Ausfahrt Engen.

Für Radfahrer
Fahrradläden gibt es in Engen, Hilzingen und Singen.

Anschlusstouren
Tour 4 (Hilzingen)

Einkehr
Engen, Hilzingen, Singen

Karte
LGL Hegau–Randen–Schaffhausen, 1:35 000

Information
Hegau Touristik, Hofgarten 4, D-78224 Singen, Tel. 0049/(0)7731-85262, www.hegau.de

Sie sind die Wahrzeichen des Hegaus, die hoch aufragenden Vulkanberge, Monumente einer vergangenen Epoche der Naturgeschichte. Buchstäblich als Krönung trägt jeder von ihnen markante Burgruinen.

Engen Bei Vulkanen denken wir an den Vesuv, den Ätna, den Kilimandscharo oder Fuji mit ihren typischen Kegelformen und auf den ersten Eindruck scheinen auch die erkalteten Hegauer Exemplare, die in der Landschaft schon mit bloßem Auge leicht auszumachen sind, diesem Bild zu entsprechen. Doch die vor rund 15 bis 10 Millionen Jahren entstandenen Berge, oft in Form von Zuckerhüten über der Ebene, sind nicht die Kegel, sondern der Inhalt des einstigen Schlots. Es waren die harten Vulkangesteine Basalt und Phonolith, die einst im Innern der Berge stecken blieben und auch den Gletschern der Eiszeit standhielten, die das umgebende Gestein abschliffen. Vulkanischer Untergrund bringt fruchtbaren Boden hervor, wie man weiß, und so

Das ehemalige Dominikanerinnenkloster Engen beherbergt heute ein Museum.

sind die einstigen Feuerspeier heute blühende Berge. Unser erster sichtbarer Altvulkan ist der Hohenhewen (844 m) oberhalb der Stadt Engen, dem Startpunkt unserer Tour. Die Lage Engens auf einem kielartig gebogenen Hügelrücken mit eng aneinandergebauten Häusern, oft aus dem 16. und 17. Jahrhundert, ist in jedem Falle ein einmaliges und beeindruckendes Ensemble. Die romanisch-gotische Marienkirche mit ihrer vielfältigen Ausstattung von der Gotik (Fresken) bis zum Klassizismus (Hochaltar) beherrscht den Eingang zur alten Stadt, nördlich davon erstreckt sich die nicht minder ansehnliche Vorstadt. Das Städtische Museum im alten Dominikanerinnenkloster (18. Jh.) ist wegen seiner historischen Sammlungen und seiner Sonderausstellungen moderner Kunst immer einen Besuch wert (geöffnet Di–Fr 14–17, Sa–So 10–17 Uhr). Das Stadtbild wird abgerundet vom Krenkinger Schlössle, einem Bau des 16. Jahrhunderts, dessen Geschichte viele Rätsel aufgibt. Genießen Sie einfach das Flanieren zwischen diesen geschichtsträchtigen Bauten und im schönen Stadtpark unterhalb der Kirche, bevor wir vom Bahnhof am Fuße der Altstadt unsere heutige Tour starten.

Linke Seite: Die Altstadt von Engen liegt auf einem beherrschenden Hügel.

Vulkane, Ruinen und Dörfer Über die Bahnhofstraße, rechts in die Breite Straße und anschließend weiter sich rechts haltend über die Schillerstraße kommen wir durch die Unterführung auf die Hegaustraße, der wir links folgen. An der nächsten Abzweigung biegen wir links ab und kommen bergan nach Anselfingen, einem noch sehr ländlichen Dörfchen. Es geht noch ein Stück weiter, bis wir im Ort links abbiegen in die Unterdorfstraße, die uns an der im Kern gotischen Kirche mit einem spätgotischen Seitenaltar (um 1480) vorbei und auf den Radweg außerhalb rechts in Richtung Welschingen führt. Rechts von uns erhebt sich der bereits erwähnte mächtige Hohenhewen, der zweithöchste der Hegauvulkane, der wie alle dieser Kegelberge von einer stattlichen Ruine gekrönt wird, die zu den größeren Exemplaren zählt. Der Berg war wohl schon in der Frühzeit besiedelt, bevor 1170 die Burg durch den Engener Adel errichtet wurde, sie teilte das Schicksal vieler ihrer Kolleginnen und wurde im Dreißigjährigen Krieg endgültig zerstört.

Die Dorfkirche von Anselfingen weist einen wertvollen Schreinaltar auf.

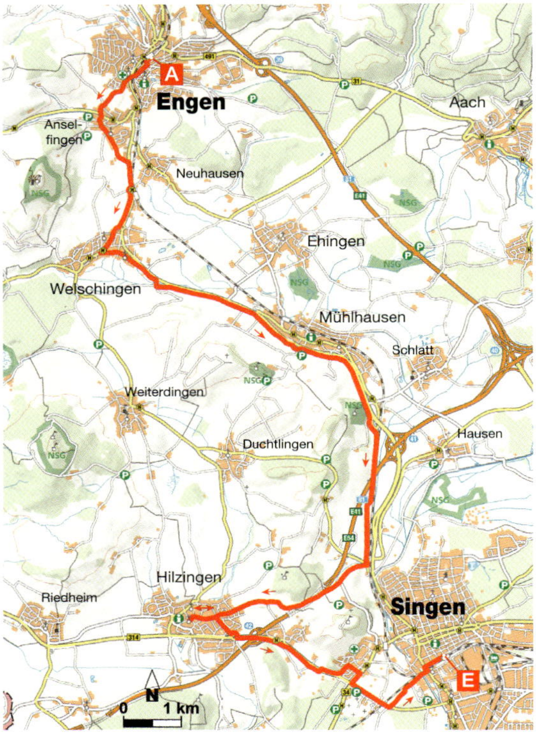

Über Welschingen nach Hilzingen Ins benachbarte Welschingen fahren wir am Bahnhof vorbei über den Radweg rechts, am Kreisel weiter über die Bahnstraße ins Innere, dort dann scharf links über die Turmstraße an der Alten Kirche vorbei, einer einstigen Wehr- und Wallfahrtskirche mit geheimnisvollen Bildnissen aus romanischer Zeit am Turm. Auf der anderen Seite wieder auf den Radweg an der Bundesstraße, der kurz nach Welschingen einen kleinen Knick (rechts-links um ein Firmengelände) zurück zur Geraden macht. Schon in der Anfahrt auf Mühlhausen taucht dann der geheimnisvolle Mägdeberg (654 m) auf, etwas abgeflachter befand sich auf ihm eine der größten Festungen des Hegaus und eine Wallfahrtskirche, die auf einen vorchristlichen Kult zu drei weiblichen Frauengestalten zurückging. Im lang gezogenen Mühlhausen mit seinem schönen Alten Rathaus, dem zur Brauerei mutierten Schloss und der spätgotischen Pfarrkirche auf der anderen Seite der Straße geht es nun auf den spektakulären Hohenkrähen (643 m) zu, der in seiner Form deutlich den Vulkankegel

Die alte Pfarrkirche von Welschingen zeigt am Turm einige seltsame Steinmetzarbeiten.

erkennen lässt, um dessen Spitze sich die Ruine schmiegt. Einst uneinnehmbar, verlegten sich die Besitzer der Burg auf das einträgliche Raubrittergeschäft. Ein Landsknechtsheer, ausgestattet mit Geschützen, machte 1512 diesem Treiben und der Burg den Garaus. Die Besteigung der Ruine ist gleichwohl noch immer sehr anspruchsvoll. Unterhalb des Hohenkrähens kommen wir an einem Wanderparkplatz vorbei, wir halten uns leicht rechts immer nahe an der Straße und kommen nun auf ein Sträßchen an der Bahnlinie, dem wir rechts folgen. Längere Zeit geht es nun wieder geradeaus, während sich vor uns bereits der Hohentwiel (686 m) aufbaut, der bekannteste der Hegauberge mit der erst durch Napoleon geschleiften Festung, heute eine der größten Ruinen Deutschlands. Wir werden den Berg fast komplett umfahren, denn nach kleinem Anstieg an einer Straße angekommen, wenden wir uns (am Hühnerhof) erst kurz rechts, dann aber gleich wieder links, dem Hinweisschild »Hohentwiel« folgend. Diese Straße steigt nun längere Zeit an, an der Kreuzung, wo sich der Weg zum Hohentwiel teilt, halten wir uns rechts – nahe der Autobahn, die hier in einem Tunnel verschwindet. An der nächsten Kreuzung wenden wir uns rechts, dann wiederum rechts, nun nach Hilzingen hineinfahrend. Wir

Das schmucke Rathaus von Mühlhausen

Hoch oben auf dem Vulkanberg: Ruine Hohenkrähen

Guten Appetit

In Mühlhausen liegt das Gasthaus Mägdeberg. Im Biergarten kann man den Blick auf die Vulkane des Hegaus mit ihren Ruinen entspannt bei gutbürgerlicher und preiswerter Küche schweifen lassen. Wer sich zusätzlich sportlich betätigen möchte, dem stehen Kegelbahnen zur Verfügung.

bleiben hier im Ort stets geradeaus, bis wir im Ortszentrum angekommen sind. Dort erwartet uns das einstige Schloss (heute Rathaus und Museum) des Klosters Petershausen, doch der Höhepunkt ist die vom Birnaubaumeister Peter Thumb 1747 bis 1749 geschaffene »schönste Rokokodorfkirche des Hegaus« mit ihrer prächtigen Ausstattung (siehe auch Tour 4).

Um den Hohentwiel nach Singen Vom Zentrum fahren wir wieder ein Stück zurück über die Hauptstraße, bis diese auf die Randenbahnstraße trifft, der wir rechts bis kurz vor den Verkehrskreisel folgen, doch biegen wir hier auf den Radweg links der Straße ein, vorbei an der Tankstelle und über die Autobahn, nach der wir links abzweigen. Nun geht es längere Zeit an der Bundesstraße entlang, bis zu einer Unterführung, hier links und danach rechts, auf eine Singener Außensiedlung zu. Hier gilt es, etwas aufzupassen: Wir biegen links in die Virchowstraße ein, dann rechts in die Sauerbruchstraße bis zu deren Ende, dort wiederum rechts an der B 34 entlang bis zur Großkreuzung. Über die Ampel geht es anschließend links zum Waldfriedhof, über dessen Parkplatz weiter zum Radweg über die Bahn und dahinter links am Tierheim auf Singen zu. An den Gleisen entlang kommen wir zur Parkinsel Wehrd und nehmen hier links die Unterführung, die auf der anderen Seite rechts zum Bahnhof leitet.

Das ehemalige Schloss der Abtei Petershausen in Hilzingen ist heute Rathaus und Museum mit kleinem Park.

Nächstes Ziel: der Hohentwiel

Um 1800 waren Hilzingen und Engen schon bedeutende Ortschaften, doch Singen nur ein kleines Dörfchen im Schatten des Hohentwiel, der nicht Schutz, sondern Bedrohung versprach: Denn dieser gehörte zum protestantischen Württemberg, das vor allem zu Kriegszeiten von dort aus das katholische Umland terrorisierte. Ab Mitte des 19. Jahrhunderts kreuzten sich dann in Singen drei Bahnlinien: Konstanz–Karlsruhe, Ulm–Basel und Stuttgart–Zürich (später kam noch die Autobahn Singen–Stuttgart–Würzburg dazu), zahlreiche Schweizer Firmen zogen, um den Zoll zu sparen, die wenigen Kilometer über die Grenze hierher – am bekanntesten wohl eine namhafte Suppenfabrik. Heute ist Singen mit 45000 Einwohnern die zweitgrößte Stadt im Landkreis Konstanz, Industrie- und Einkaufszentrum des Hegaus. Ihr modernes Image pflegt die Stadt durch die Förderung zeitgenössischer Kunst – so weist u.a. das Rathaus Wandgemälde von Otto Dix auf (siehe Tour 5). Mit der Bahn kommt man leicht nach Engen zurück. Wer noch genügend Kraft in den Beinen hat, kann über das schöne Parkgelände der Landesgartenschau auf unsere alte Strecke zurückkommen, unterhalb des Hohentwiels trifft man wieder auf die Stelle, wo wir nach Hilzingen abgebogen sind.

Bodensee-Erfahrung: Und noch ein Vulkan

Der Hilzinger Hausberg ist der Hohenstoffeln, der durch seine Wannenform mit zwei Gipfeln (832 m) nördlich des Orts deutlich ins Auge fällt. Nicht nur die beiden Gipfel, auch die Fläche dazwischen trug einst eine Burg, Vorder-, Mittel- und Hinterstoffeln wurden erst im späten 16. Jahrhundert unter einer Herrschaft vereint. Lange konnten sie den Burgfrieden nicht genießen. Auch sie wurden kurz darauf im Dreißigjährigen Krieg zerstört.

4 Im westlichen Hegau

Hilzingen – Tengen – Blumenfeld

Mittel | 30 km | 150 Hm | 2.00 Std.

Highlight
Sehenswürdigkeit

Tourencharakter
Neben bequemen Teer- und Radwegen gibt es zusätzlich von allem ein bisschen: einige Steigungen, Kieswege, Landstraßen, darum insgesamt »mittel«.

Ausgangs-/Endpunkt
Hilzingen Pfarrkirche

GPS
47.764568, 8.781830

Anfahrt
Bahn: Der nächstgelegene Bahnhof ist Singen (IC, IRE, S-Bahn).
Auto: Hilzingen liegt an der A81, Ausfahrt Hilzingen.

Für Radfahrer
Einen Fahrradladen gibt es in Hilzingen.

Anschlusstouren
Tour 3 (Engen)

Einkehr
Hilzingen, Tengen, Blumenfeld (Bibermühle)

Karte
LGL Hegau–Randen–Schaffhausen, 1:35 000

Information
Stadtverwaltung Tengen, Marktstraße 1, D-78250 Tengen, Tel. 0049/(0)77 36-923 30, www.tengen.de

Vom Barockdorf Hilzingen aus besuchen wir eine urtümliche Burg und ein Renaissanceschloss, römische Gutshofbewohner und eine kleine, aber dreigeteilte Stadt.

Von Hilzingen nach Riedheim Nachdem das Kloster Petershausen bei Konstanz im 17.Jahrhundert das Dorf Hilzingen erworben hatte, gestaltete es dessen Zentrum um das Schloss um – dieses selbst wurde vergrößert und umgebaut, daneben eine stattliche Vogtei errichtet, die heute das Porträt des Manns trägt, dem der Ort sein Wahrzeichen zu verdanken hat: Peter Thumb. Das wie aus einem Guss vom berühmten Baumeister geschaffene und innen prächtigst ausgestatte Hilzinger Gotteshaus (1747 bis 1753) gilt manchem als die schönste Rokokodorfkirche Deutschlands (vgl. auch Tour 3). Von ihr aus starten wir am neu angelegten Dorfplatz rechts an der Apotheke vorbei zur Filzfabrik, hier rechts, dann an der Kreuzung links ortsaus-

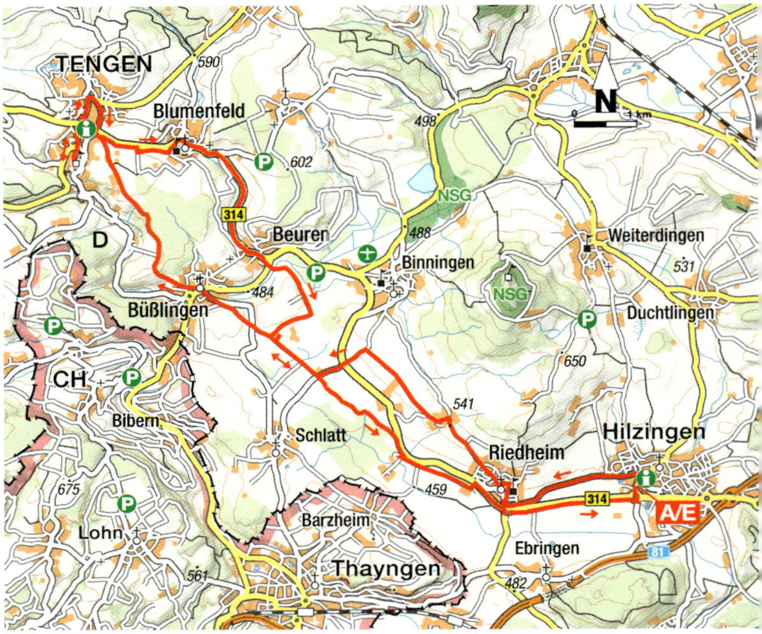

wärts in Richtung Freibad (Riedheimer Str.). Auf dem Landsträßchen fahren wir ins Nachbardorf Riedheim. Dort angekommen kurz rechts, dann gleich links in die Burgstraße – nomen est omen und der charakteristische Burgstall von Riedheim ist ohnehin nicht zu übersehen. Das ungewöhnliche, recht archaisch wirkende Bauwerk aus dem 13. Jahrhundert ist das seltene Exemplar einer Burg in der Ebene. Umgeben von einer hohen Mauer sind der um 1500 aufgestockte Bergfried und einige Innenbauten erhalten; den Riedheimern dient das schmucke Ensemble als Festgelände. Wir machen einen kleinen Bogen über die Turmstraße links und die Eduard-Presser-Straße zur Pfarrkirche (15. Jahrhundert, im Inneren ein wertvolles spätgotisches Schnitzwerk) und vor ihr im spitzen Winkel rechts hoch in die Hofwiesener Straße. Den namensgebenden Weiler erreichen wir nach kurzer Zeit, hier links abbiegen und dann via Rechtskurve weiter.

Eine der schönsten Dorfkirchen des Rokoko: St. Peter und Paul in Hilzingen

Der römische Gutshof Büßlingen Der Weg endet in einer T-Kreuzung, wir biegen hier links ab, fahren zur B 314, überqueren diese in das Sträßchen direkt gegenüber, zweigen aber von diesem kurz darauf gleich wieder rechts ab. Nach kurzer Strecke ist der römische Gutshof von Büßlingen rechts erkennbar, den wir nun aufsuchen. Meist waren es Veteranen, die sich in den Provinzen niederließen. Als Geschenk für ihren Dienst erhielten sie ein Stück Land, auf dem sie einen großen Landwirtschaftsbetrieb errichteten, eine *villa rustica*. Dies war auch um 75 n. Chr. im Hegau oft der Fall, in der Region sind bislang an die 15 solcher Gutshöfe bekannt. Aus jener Zeit stammt das knapp 5,5 Hektar umfassende Ensemble, das als Freilichtmuseum teilrekonstruiert wurde. Zahlreiche Funde und das Vorhandensein eines kleinen Tempels machen den Büßlinger Gutshof zu etwas Besonderem, auch seine Lage mit Alpenblick bei gutem Wetter war perfekt gewählt. Um 260 allerdings wurde er wie fast alle römischen Niederlassungen ringsum aufgegeben, zwar wurde er nicht zerstört, aber die Gegend war inzwischen zu unsicher, man zog sich bis südlich des Rheins zurück. Die Gebäude, die später von Einheimischen nur kurzzeitig genutzt wurden,

Bodensee-Erfahrung: Die römischen Nachbarn

Vom einstigen römischen Gutshof von Homberg in der Nähe von Stockach ist leider kaum mehr als eine Bodenwelle – und die Hinweistafel – zu sehen.

Anders dagegen verhält es sich mit der benachbarten *villa rustica* bei Eigeltingen. Dieses, in jüngerer Zeit archäologisch teilrekonstruierte Landhaus verrät einiges mehr über das Leben der römischen Gutsbesitzer in der Region und hat eine ähnlich hübsche Lage wie Büßlingen mit weitem Blick in die Landschaft. Während das Hauptgebäude unter einem schützenden Hügel verborgen ist, wurden die Grundmauern eines Nebengebäudes sichtbar wiederhergestellt, dazu das wichtigste Fundstück: ein Weihestein für den Gott Silvanus.

Im nahe gelegenen Orsingen befand sich die bedeutendste römische Siedlung des Hegaus, allerdings ohne sichtbare Überreste an der Oberfläche.

Rechte Seite oben: Das schöne Fachwerktor von Tengen-Vordere Stadt

Rechte Seite unten: Ruine Tengen auf der Grenze zwischen den beiden Städten

Sie vereint mehrere Stilepochen: die Pfarrkirche in Tengen-Dorf.

verfielen. Wir kehren auf unseren Weg zurück und fahren ihn weiter, an der nächsten Kreuzung rechts hinabrollend ins Dorf Büßlingen. Hier kommen wir direkt unterhalb der das Dorf dominierenden gotisch-neugotischen Kirche an. Wir fahren links, dann an der Großkreuzung rechts (Ledergasse) und anschließend die zweite (!) Straße links aus dem Ort hinaus. Uns immer auf dem Hauptweg, nicht abzweigend haltend, kommen wir so bis vor den Festplatz von Tengen.

Die dreigeteilte Stadt Tengen hat eine etwas kuriose Geschichte. Wie man schnell bemerkt, besteht der Ort aus drei deutlich zu unterscheidenden Teilen. Über den Festplatz kommen wir an der Feuerwehr vorbei links ins Ortsinnere. Hinter dem sehr schmucken Obertor beginnt die kleine Vordere Stadt, deren übersichtliches Inneres seinen gewissen Charme hat. Sie endet an der Burgruine, kaum mehr noch als ein hohes Teilstück des einstigen Bergfrieds, der jedoch immerhin aus der Stauferzeit stammt. Auch dies war nur die Vorderburg, die Hintere Burg ist verschwunden, nicht jedoch die dazugehörige Hintere Stadt. Beide Ortsteile hatten Stadtrechte – und gehörten unterschiedlichen Herrschaften. Man war sich in inniger Abneigung zugetan, gegenseitige Zerstörungen waren keine Seltenheit. Erst 1876 wurden beide Teile zu einer Gemeinde zusammengeschlossen.

Neben der kleinen ehemaligen Burgkapelle kann man hinuntersteigen in die Mühlbachschlucht mit ihrer Mühlenruine und den sehenswerten Wasserfällen, allerdings nur zu Fuß, das Rad muss man vorher abstellen. Wir fahren anschließend wieder auf gleichem Weg durch das Tor aus Tengen-Stadt, dann geradeaus hinüber durch den Kreisel nach Tengen-Dorf – dem dritten Teil. Hier steht die auf die Frühgotik zurückgehende, später mehrfach veränderte und ausgebaute Pfarrkirche Tengens mit sehenswerter Ausstattung. Wir machen wieder einen kleinen Bogen im Dorf, fahren in dessen Ortskern, hier dann rechts und so über die Ludwig-Gerer-Straße wieder retour zum Festplatz. Hier ganz kurz links auf

Die Wasserfälle von Tengen lohnen das Absteigen wie auch die am Ende des kleinen Tals gelegene Mühlenruine.

unseren Hinweg, dann aber gleich links ab und parallel zur B 314 auf den Radweg.

Blumenfeld Engen (siehe Tour 3), Tengen und Blumenfeld sind laut lokaler Weisheit die »schönsten Städt' der Welt«, was vielleicht etwas großzügig gedacht ist, aber zumindest hat Blumenfeld einen anheimelnden Namen und ist eine der kleinsten Städte, wohl nicht der Welt, aber sicher Baden-Württembergs.

Es geht auf Blumenfeld zu. Schon erkennt man …

Wir radeln direkt auf das imposante Schloss zu, einen Renaissancebau, den der Deutsche Orden errichten ließ, nachdem er den Ort 1511 erworben hatte. Leicht bergab und links abbiegend kommen wir unterhalb des Schlossbergs an, der zudem vom Pfarrhaus, vor allem aber von der Pfarrkirche beherrscht wird, einem sehr einheitlich gestalteten, im Inneren beeindruckenden neugotischen Bau mit altem Turm. Das Schloss ist heute ein Altenheim und leider nicht zugänglich. Wir rollen aus dem Stadttor hinaus und fahren rechts weiter, nun ausnahmsweise auf der B314 bis Beuren am Ried, durchfahren den Ort gänzlich, dann an der Kreuzung rechts ab von der Bundesstraße und sogleich wieder links. Dieser Weg führt wieder zum römischen Gutshof, hier auf den uns bekannten Weg, jedoch dann nicht wieder zurück nach Hofwiesen/Riedheim, sondern geradeaus, bis wir südlich von Storzeln wieder auf die B314 treffen. Hier kurz der Bundesstraße folgen, doch an der nächsten Abzweigung (ins schweizerische Barzheim) rechts und dort links auf den Radweg. Dieser führt uns parallel zur B314 nach Hilzingen zurück.

Guten Appetit

Die Bibermühle unterhalb des Stadthügels von Blumenfeld, gleichzeitig ein Hotel, hat nicht nur ihr noch funktionierendes Mühlrad aufzuweisen, sondern gleich nebenan ein paar sehenswerte Wasserfälle. Innen und außen sitzt man gemütlich, die Gerichte entstammen der regionalen Küche.

Links: ... die Pfarrkirche ...
Rechts: ... und das Renaissanceschloss des Deutschen Ordens.

5

Otto Dix auf der Höri

Gottmadingen – Randegg – Kattenhorn – Hemmenhofen

Leicht | 36 km | 20 Hm | 2.30 Std.

Highlight
Sehenswürdigkeit

Tourencharakter
Der Weg führt hinab zum See und an diesem entlang, daher so gut wie keine spürbaren Steigungen. Radwege und kleine Landstraßen. Grenzübertritt.

Ausgangspunkt
Gottmadingen, Bahnhof

Endpunkt
Stein am Rhein, Bahnhof

GPS
47.737224, 8.775258

Anfahrt
Bahn: Gottmadingen liegt an der viel befahrenen Bahnstrecke Singen–Schaffhausen.
Auto: Am Ende der A81 aus Richtung Stuttgart auf die B34 und weiter nach Gottmadingen

Für Radfahrer
Fahrradläden finden sich in Gottmadingen, Stein (und auf der Höri in Horn).

Anschlusstouren
Tour 23 (Schaffhausen)

Einkehr
Gottmadingen, Randegg, Ramsen, Stein, Oberstaad, Wangen. In Randegg sollte man von der Ottilienquelle kosten.

Karte
LGL Hegau–Randen–Schaffhausen, 1:35000

Information
Gemeinde Gottmadingen,
Johann-Georg-Fahr-Straße 10,
D-78244 Gottmadingen,
Tel. 0049/(0)7731/9080,
www.gottmadingen.de

Ab 1933 lebte der Maler Otto Dix mit seiner Familie erst im Hegau, dann auf der Höri. Dieses »Exil« prägte seine Werke, statt Großstadtleben schuf er nun Landschaften, inspiriert von der Umgebung.

Von Gottmadingen nach Randegg Wir starten am Bahnhof von Gottmadingen, einem 10000-Einwohner-Ort, der Ende des 19. Jahrhunderts sprunghaft vom Dorf zum Industriestandort aufstieg. Hiervon künden noch heute zahlreiche Villen und Amtsbauten der Gründerzeit sowie die große moderne Georgskirche (1930/32). Über die Johann-Georg-Fahr-Straße fahren wir links auf die Hauptstraße und gleich an der Kreuzung darauf rechts in die Randeggerstraße – die Radwegschilder sind hier bereits im weinroten »Schweizer Stil«. Mit dem letzten Wohnhaus können wir links auf den Radweg wechseln, der uns bequem, den Weiler Petersburg umkurvend, an den Ortsrand von Randegg bringt. Hier biegen wir nicht auf den Radweg am

Randegg mit dem Schloss

Flüsschen Biber ein, sondern fahren direkt in den Ort hinauf – denn dieser ist ein verborgenes Schatzkästlein des Hegaus. Die erste Station ist die Pfarr- und Wallfahrtskirche St. Ottilien links. In ihrem spitzbedachten Turm hängt eine von Deutschlands ältesten Glocken aus dem Jahre 1209. Im Innern des spätgotischen Kirchleins findet sich neben der Barockausstattung auch die sehr schöne Ottilienbüste von 1350. Weiter auf der Otto-Dix-Straße finden wir im Ortskern zahlreiche stattliche Häuser des 18. Jahrhunderts und den als Denkmal leer gelassenen Platz der einstigen Synagoge (siehe Infokasten). Rechts ragt das Renaissanceschloss Randegg mit seinen markanten Ecktürmen auf. Links finden wir die Ottilienquelle. Einst Mitte des 19. Jahrhunderts als Heilbad eröffnet, kann man dort noch immer das beliebte Ottilienwasser kosten. Otto Dix zog sich mit seiner Familie nach der Machtübernahme der Nationalsozialisten 1933, die ihn als einen der bekanntesten Vertreter der aus ihrer Sicht »entarteten Kunst« leidenschaftlich ablehnten, auf Schloss Randegg zurück, das seinem Schwager gehörte. Mit seinen drastischen Schilderungen des Weimarer Neureichenlebens und seiner Schattenseiten, aber vor allem mit seinen ungeschönten Kriegsbildern war Dix neben George Grosz zum international renommierten und heiß diskutierten Künstler aufgestiegen. Nun verlor er seine Posten als Akademiemitglied und Professor, Bilder wurden beschlagnahmt und zerstört, hier im abgelegen Hegau wollte Dix, der Großstadtmensch, sozusagen überwintern. Man wohnte in einem Schloss, aber es ging

Die alte Säge in Buch

recht dürftig zu. Statt großer Gemälde schuf Dix nun Landschaften. »Hier war ja weiter nichts. Also raus in die Landschaft und Bäume gezeichnet …«, so Dix später. Heute erinnern nicht nur die Randegger Otto-Dix-Straße, sondern auch regelmäßige Kunstveranstaltungen im Schloss an den berühmten Bewohner.

Durch den Kanton Schaffhausen Wie Otto Dix begeben wir uns nun in die Umgebung von Randegg, einem Grenzort, denn östlich von uns beginnt eine Exklave des Kantons Schaffhausen. An der Kreuzung unterhalb der Ottilienkirche fahren wir (wenn wir vom Schloss zurückkommen rechts) in Richtung Murbach, gleich wieder rechts und dorfauswärts (Zelgstraße) in den genannten Weiler. Hier rechts und über die Grenze weiter ins erste Schweizer Dorf: Buch. Überragt von seiner kleinen Kirche,

Bodensee-Erfahrung: Jüdisches Leben

Symbolhaft malte Otto Dix 1933 den Randegger jüdischen Friedhof als Winterlandschaft. Mehrere Dörfer des südlichen Hegaus und auch der Höri besaßen einst große jüdische Gemeinden, teils machten diese fast die Hälfte der Bevölkerung aus. In Randegg erinnern viele Häuser und der jüdische Friedhof sowie das Synagogendenkmal an die mosaischen Gemeinden, die ausnahmslos im Nationalsozialismus untergingen. In Gailingen, einst Sitz des Bezirksrabbiners, eines jüdischen Krankenhauses und einer Schule, wird die Geschichte des jüdischen Lebens der Region im Jüdischen Museum aufbereitet (Öffnungszeiten: werktags 9–16 Uhr), am Ortsrand liegt ebenfalls ein jüdischer Friedhof.

einem Neubau des 19. Jahrhunderts, an der wir uns orientieren, weist das Dörfchen einen hübschen Ortskern auf. Über die Linkskurve im Ort kommen wir zur historischen Säge am Eselhof und dann zur Biber. Der Fluss wird unser Begleiter, hinter der Feuerwehr, aber vor der Brücke biegen wir rechts auf den Radweg am Ufer ein. So kommen wir nach Ramsen, dem einst einzigen katholischen Ort im gesamten Kanton. Wir fahren bis ins Ortsinnere, auch hier sind viele schöne Häuser zu finden. Die katholische Kirche (rechts) ist ein spätbarocker, später noch einmal umgestalteter Bau mit sehenswerter Ausstattung. Wir fahren an der Kreuzung in der Ortsmitte rechts, gleich wieder links und dann erneut rechts unterhalb der kleinen evangelisch reformierten Kirche vorbei, hier links und dann hinaus bis kurz vor die Bahnstrecke (Museumsbahn Etzwilen–Singen). Hier rechts auf den Radweg neben der Straße – es geht lange geradeaus. Wir bleiben auf dem Radweg und kommen so hinein nach Hemishofen. Einmal mehr begleitet von stattlichen Riegelhäusern durchfahren wir den Ort komplett und fahren unter der Brücke hindurch hinein nach Stein am Rhein. Diesen bekannten Ort heben wir uns für Tour 23 auf und umfahren die Altstadt erst links via Chlini Schanz, nochmal links über Obertor, dann rechts in die Grossi Schanz und an der Kreuzung schließlich links in die Oehningerstrasse.

Die katholische Kirche von Ramsen, ein Unikat im Kanton Schaffhausen

Auf der Höri Kurz vor dem Stadtende schließlich links abbiegen auf den Radweg (Rhigüetliweg) nahe ans Ufer (vgl. Tour 23). Auf dem Kiesweg geht es gemütlich durch den am Ufer gelegenen Öhninger Ortsteil Stiegen, am Strandbad und Schloss Oberstaad vorbei stets geradeaus. So kommen wir nach Kattenhorn, am Uferhang gelegen. Auch hier findet sich ein einst mittelalterliches Schloss, das sein heutiges Aussehen dem 19. Jahrhundert verdankt und leider unzugänglich ist bis auf die Schlosskapelle St. Blasius, aus einem Festungsturm hervorgegangen und darum von seltener Rundform (16. Jh.) mit schöner Ausstattung. Der Ort selbst wird liebevoll ge-

Eines der schönen Riegelhäuser in Hemishofen

Wangen auf der Höri

pflegt, wovon viele alte Häuser und die Informationstäfelchen zur Dorfgeschichte zeugen. Otto Dix hat hier für die in der Nachkriegszeit errichtete evangelische Kirche eindrucksvolle Glasfenster geschaffen. Eine ansteigende Linkskurve führt uns aus Kattenhorn hinaus und auf die Landstraße, der wir nur sehr kurz rechts folgen, um sogleich wieder rechts auf den Radweg abzubiegen, der allerdings ebenfalls kurz darauf wieder auf die Straße einbiegt, links zu den ersten Häusern Wangens. Im Ortskern treffen wir auf eine wunderschöne Museumskombination: das Fischerhaus aus dem frühen 17. Jahrhundert und nebenan auf dem Strand ein rekonstruiertes Haus der Pfahlbautenzeit – hier auf der Höri begann die Erforschung der heute

Nebeneinander und beide Teil des Museums in Wangen: das Fischerhaus (li.) und ein Pfahlbau

zum UNESCO-Weltkulturerbe zählenden Steinzeitgebäude (Tour 7; Öffnungszeiten: im Sommerhalbjahr Di–Sa 11–17, So 14–17 Uhr). Einen Blick sollte man auch in die Pfarrkirche St. Pankratius werfen, in dem spätgotisch-modernen Bau befinden sich mehrere alte Ausstattungsstücke, darunter das berühmte Renaissancegrab eines »schlafenden« Ritters (1610). Wie schon in Kattenhorn geht es schließlich in ansteigender Linkskurve aus dem Ort hinaus und auf dem Radweg entlang der Landstraße weiter durch das Gelände des Schlosses Marbach. Auch hier gilt: Nach mehrfacher Umgestaltung ist von der einstigen Burg nur noch wenig erkennbar, der gesamte Komplex ist privat. Belohnt werden wir mit einer längeren Abfahrt, die uns in das Dörfchen Hemmenhofen bringt.

Klein, alt und reich ausgestattet: die Kirche von Hemmenhofen

Das kleine Kirchlein St. Agatha mit altem Turm ist im Innern ein Schmuckstück dank schöner Barockausstattung (18. Jh.). Dix zog mit seiner Familie 1936 hierher, wo ein befreundeter Architekt für die Familie ein Landhaus am Hang errichtete. Immer noch Repressalien durch das Regime ausgesetzt, konzentrierte sich der Maler weiterhin auf die Landschaftsmalerei und neuerdings auch auf religiöse Themen, die er, wie er sagte, unverfälscht darstellen wollte. Nach Kriegsende wurde Dix erst langsam wiederentdeckt, erst spät folgten Ehrungen in Ost und West, 1960 erhielt er einen Großauftrag für ein Gemälde im Rathaus von Singen. Dix starb 1969 und wurde in Hemmenhofen begraben. Sein Wohnhaus wurde inzwischen in ein Museum umgewandelt (Di–So 11–18 Uhr) und lädt zum Besuch und zur Begegnung mit dem großen Maler ein. Unser Weg geht anschließend bis Stein zurück, hier dann rechts über den Rhein und links hoch bis zum Bahnhof – von dort mit dem Zug via Schaffhausen nach Gottmadingen.

Guten Appetit

Unsere Fahrt führt auf die Höri, die in den See hineinreichende Halbinsel, die ähnlich der Reichenau für ihr Gemüse bekannt ist. Am berühmtesten ist die Höri-Bülle, eine Zwiebel mit rötlichem Aussehen, die sogar ihre eigene europäische Schutzmarke hat. Hofläden an und neben der Strecke bieten wie auch Wochenmärkte nicht nur Zwiebeln an.

6

Eiszeit, Höhlen und Minnesänger

Ludwigshafen – Sipplingen

Schwer 21,5 km 185 Hm 2.00 Std.

Highlight
Sehenswürdigkeit

Tourencharakter
Anfangs uferflache Strecke, dafür oft nahe der Straße, später starker Anstieg auf gut 2 km Strecke, vor Ludwigshafen wiederum steile Abfahrt

Ausgangs-/Endpunkt
Ludwigshafen am Bodensee, Bahnhof

GPS
47.815706, 9.053148

Anfahrt
Bahn: Ludwigshafen ist eine Bahnstation an der Bahnlinie Radolfzell–Friedrichshafen (Seehänsele).
Auto: Über die alte B 31 (nicht die B 31n!) von Singen über Friedrichshafen nach Lindau

Für Radfahrer
In Ludwigshafen gibt es einen Laden für E-Bikes, ansonsten Fahrradläden im nahen Überlingen.

Anschlusstouren
Tour 8 (Überlingen)

Einkehr
Ludwigshafen, Sipplingen (Überlingen)

Karte
LGL F 511 Westlicher Bodensee, 1:50 000

Information
Touristinformation Sipplingen, Seestraße 3, D-78354 Sipplingen, Tel. 0049/(0)75 51-949 93 70, www.sipplingen.de

Erst am Ufer entlang, dann auf der Höhe retour geht es durch eine von der Eiszeit gestaltete Landschaft mit vielen kulturellen Entdeckungsmöglichkeiten.

Ludwigshafen Ganz anders als der Namensvetter am Rhein ist Ludwigshafen ein beschauliches Dorf, obwohl es hätte anders kommen sollen, wäre es nach den Plänen des badischen Großherzogs gegangen, nachdem dieser das Dorf Anfang des 19. Jahrhunderts erhalten hatte und – in Konkurrenz zum württembergischen Friedrichshafen – zu seinem großen Seehafen ausbauen wollte. Noch heute zeugt das stattliche Zollhaus, das jetzige Rathaus, von diesen ehrgeizigen Plänen, doch verzögerte sich der Bahnbau fast bis zur Jahrhundertwende, fatal für den Warenabsatz – und Ludwigshafen blieb, zum Glück, möchte man sagen, eine überschaubare Gemeinde am westlichen Ende des Sees.

Ludwigshafen mit der Partnergemeinde Bodman im Hintergrund

Wir starten am Bahnhof, fahren hier rechts und dann wiederum rechts über die Gleise in die Hafenstraße, machen eine 180°-Kurve nahe des Zollhauses und begleiten nun die Bahntrasse via Parkstraße und Seehalde ortsauswärts bis zum Strandbad. Nun geht es stets geradeaus ufernah und direkt an der B31 entlang bis Sipplingen. Die Orientierung ist einfach, der Radweg wechselt allerdings zwischen den beiden Orten gelegentlich die Straßenseite.

Guten Appetit

Zu den kleinen Freuden, die man sich gönnen sollte, gehören die Rosinenbrötchen der Landbäckerei Baader in Sipplingen. Unzweifelhaft gehören sie zu den besten Exemplaren dieses Gebäcks, die man rund um den Bodensee bekommen kann. Und ist man schon mal vor Ort, kann man sich ja mit weiteren Backwaren eindecken.

Sipplingen Gegenüber dem Westhafen kommen wir in Sipplingen an, wo wir uns nicht Richtung Ufer, sondern von der Bundesstraße weg hinein in den Ort orientieren. Wir wenden uns also an der Straßenkreuzung nicht rechts,

sondern links leicht ansteigend hoch in die Straße In der Breite, der wir uns rechts haltend folgen. Sie geht in die Schulstraße

über und führt uns bis zum ehemaligen kleinen Franziskanerinnenkloster, heute noch an den barocken Fensterrahmen gut zu erkennen. Hier an der Kreuzung geht es rechts hinab ins Sipplinger Ortszentrum mit seinen schönen Fachwerkhäusern und anderen auffallenden Bauten: Genannt seien das Rathaus (16. Jh.), verschiedene Spital- und Klosterhöfe sowie natürlich die Kirche mit ihrem leicht schiefen, 58 Meter hohen Spitzturm – sie besitzt eine Barockausstattung. Wer Zeit hat, sollte diesen Abstecher nutzen, um sich den Ort und den Seepark am Ufer anzusehen.

Unsichtbar vor einem liegen dort im Wasser die berühmten Sipplinger Pfahlbauten, von denen einige in Unteruhldingen (siehe Tour 7) wiederaufgebaut wurden. Am Kloster geht es allerdings links ab über die Klosterstraße bis zur Kreuzung, hier scharf rechts in den Brunnenberg, dort links über Eckteil und Morgengasse geradeaus. An der Kreuzung am Ortsrand halten wir uns erst rechts, dann weiter geradeaus (der Weg ist im Ort gut beschildert).

Bodensee-Erfahrung: Burkhart von Hohenfels

Der Haldenhof, einst wohl der Gutshof der nahe gelegenen Hohenfels, ist heute ein beliebtes Ausflugslokal mit herrlicher Aussicht auf den Überlinger See. Die vom Gasthaus und von Sipplingen aus erreichbare Burgruine ist berühmt durch ihre einmalige Lage über 200 Meter hoch am Seeufer und einen in der ersten Hälfte des 13. Jahrhunderts hoch angesehenen Minnesänger: Burkhart von Hohenfels. Zwar kennen wir nur 18 seiner Minnelieder, doch haben diese bis heute eine Wirkung – etwa im Salzburger Schauspiel »Jedermann«.

Goldbach Dieser sehr schöne Abschnitt am Hang führt uns schließlich wieder zurück zur Bundesstraße, an deren Seite – auch hier wieder mit einem Seitenwechsel – wir nun unter den hohen Molassefelsen entlangradeln. Molasse ist ein weicher Sandstein, der die gesamte Region um den Bodensee prägt. Die Gletscher der Eiszeit haben der Region erst die Form gegeben, wie wir sie heute sehen – dieser Epoche verdanken wir schlussendlich auch den Bodensee, den uns die verschwundenen Gletscher hinterlassen haben. Bevor Bahn und Autoverkehr sie abtrennten, reichten die Felsmassive von Sipplingen bis Überlingen bis ans Ufer heran – in ihnen fanden sich seit dem Mittelalter die sogenannten Heidenlöcher, teils ausgebaute Höhlen- und Gangsysteme, deren Zweck unbekannt ist und die heute leider zum größten Teil verschwunden und nicht mehr zugänglich sind. Wir bleiben auf dem Radweg und verlassen mit ihm die B31 auf dem Weg nach Goldbach. Dort angekommen, finden wir uns direkt gegenüber der Silvesterkapelle wieder. Die kleine Kirche stammt im Kern aus

Linke Seite oben: Die Gassen von Sipplingen

Linke Seite unten: Auch der Deutsche Orden errichtete sich einen prächtigen Hof in Sipplingen.

Die Silvesterkapelle in Goldbach ist ein Kleinod von besonderem Rang.

dem 9. Jahrhundert und wurde ab dieser Zeit mit zahlreichen Fresken der Reichenauer Tradition ausgemalt. Sie ist eine der ältesten erhaltenen Sakralbauten am Bodensee.

Hoch in den Linzgau Durch Goldbach geht es nun links hoch nach Hödingen. Einen ungefähren Eindruck von den Heidenlöchern kann man sich selbst verschaffen, indem man im Ort kurz anhält und sich rechts in die enge felsige Gasse begibt. Ab hier beginnt auch der Anstieg, der uns die nächsten Kilometer einiges abverlangen wird. Wir durchqueren Goldbach vollends, fahren nach einer Doppelkurve über die B31 und hier weiter den Berg hoch bis unterhalb von Schloss Spetzgart, einer alten Sommerresidenz der Obermarchtaler Äbte, nun dem Internat Salem gehörend. Wir folgen weiter links dem Landsträßchen und kommen so hinein nach Hödingen. Auch hier bleiben wir auf der Durchgangsstraße, die sich lange zwischen eleganten Familienhäusern und nach einer Rechts-links-Kurve bis in die alte Ortsmitte zieht.

Außen schlicht, aber innen voller überraschender Pracht: die frühere Wallfahrtskirche Hödingen

Blick von der Spetzgarter Höhe auf den sich weitenden See

Hier kommen wir an der Wallfahrtskirche St. Bartholomäus an, 1685 wiederaufgebaut, deren Inneres mit der reichlichen Ausstattung man nicht versäumen sollte: Sie gehört zu den prächtigsten Landkirchen des Nordufers. Kurz vor dem Ortsausgang an der Gabelung halten wir uns links und an der nächsten Gabelung ebenfalls, nach dem Friedhof schließlich nach dem Bauernhof nehmen wir den Weg in der Mitte geradeaus. Ab hier führt ein ruhiger Weg über die Hochebene bis Nesselwangen. An einem Feuchtbiotop vorbei kommen wir wieder einmal zur B31n, die wir via Brücke überqueren, um kurz darauf links Richtung Nesselwangen abzubiegen. Links neben uns ein weiteres Zeugnis der Eiszeit: Ein aufragender Moränenhügel wie aus dem Schulbuch, der uns noch einmal an den Einfluss dieser Periode auf die Bodenseelandschaft erinnert.

Das hübsche Dorfzentrum von Nesselwangen mit der Barockkirche

Nesselwangen und Bonndorf

Auch in Nesselwangen bleiben wir auf der Durchgangsstraße, die uns am schön gestalteten Dorfplatz mit Brunnen vor der Kirche mit ihrem modernen Turm und dem alten Langhaus mit Barockausstattung vorbeiführt. Damit haben wir auch den geografischen Höhepunkt erreicht – 583 Meter – und können uns von nun an auf die langsame Abfahrt Richtung Bonndorf freuen. Nach gut drei Kilometern rollen wir in dieses Dörfchen ein, das vom markanten Kirchturm (13. Jh.) dominiert wird – die Kirche hat ansonsten eine überwiegend moderne Einrichtung.

An der Kreuzung biegen wir links in die Ludwigshafener Straße ab, die nach der Landkreisgrenze die B31n unterquert und nun einen Verlauf nimmt, der noch einmal unsere Fahrkünste erfordert. Auf einer gut ausgebauten Straße führt dieses letzte Wegstück steil über mehrere kurvige Serpentinen nach Ludwigshafen zurück. Nach diesen Windungen geht es schließlich links in den Ortskern und dort zum Bahnhof.

Die Pfarrkirche in Bonndorf

7 Die Pfahlbauten-Tour

Sipplingen – Überlingen – Unteruhldingen

Leicht | 29 km | 25 Hm | 2.00 Std.

Highlight
Sehenswürdigkeit

Tourencharakter
Ufernahe, daher sehr flache Strecke mit Innenstadtdurchquerung in Überlingen. Für Familien geeignet

Ausgangs-/Endpunkt
Sipplingen, Bahnhof

GPS
47.795691, 9.095685

Anfahrt
Bahn: Der Bahnhof Sipplingen wird von der Regionalbahn Radolfzell–Friedrichshafen bedient.
Auto: Der Ort liegt an der B31, nächste Autobahnausfahrt (A98) ist Stockach-Ost.

Für Radfahrer
Fahrradläden in Überlingen, Nußdorf, Uhldingen-Mühlhofen

Anschlusstouren
Tour 6 (Ludwigshafen), Tour 8 (Überlingen)

Einkehr
Sipplingen, Überlingen, Maurach, Unteruhldingen

Karte
LGL F511 Westlicher Bodensee, 1:50000

Information
Kur und Touristik Überlingen, Landungsplatz 5, D-88662 Überlingen, Tel. 0049/(0)7551-9471522, www.ueberlingen-bodensee.de

Sie liegen fast alle unter Wasser und sind doch so etwas wie das heimliche Wahrzeichen des Bodensees: die Pfahlbauten. Seit 2011 zählen sie zum UNESCO-Weltkulturerbe.

Leben im Pfahlbau Wer im Sommer am Strand sitzt und von Mücken umschwärmt wird, der mag sich vielleicht fragen, wie die Menschen der Steinzeit nur auf die Idee kommen konnten, sich am sumpfigen Ufer anzusiedeln. Nun, diese Frage stellten sich auch die Archäologen, seitdem Mitte des 19. Jahrhunderts eine regelrechte Pfahlbauten-Euphorie nach den ersten großen Entdeckungen ausgebrochen war. Doch die charakteristischen Siedlungen am und im Wasser mit den Bauten auf Stelzen hatten ihre Vorteile: Das Ufer war meist baumlos, man war recht gut geschützt, konnte sich leicht mit Fisch versorgen und war zudem dank Einbäumen auf dem Wasser sehr mobil. Das Erfolgsmodell Pfahldorf existierte am Bodensee von etwa

4200 bis 600 v. Chr., das gesamte Ufer ist mit Fundstätten übersät, die sich perlenkettenartig aneinanderreihen, etwa 130 solcher Plätze sind bekannt – was auch daran liegt, dass ein Dorf nach einigen Jahrzehnten für gewöhnlich völlig vermorscht aufgegeben und ein paar Meter oder Kilometer weiter neu errichtet wurde. Die Forscher unserer Tage führen übrigens eine Tradition der Pfahlbaubewohner fort: Sie kennen keine Grenzen. Deutsche, österreichische und Schweizer Archäologen arbeiten bei der Erkundung und Konservierung der Bauten eng zusammen. So auch in Sipplingen, unserem Startort. Im kleinen Park gegenüber dem Bahnhof informieren Schautafeln über die Sipplinger Pfahlbauten, die etwas weiter links im Osthafen liegen. Sie gehören zu den besterhaltenen und fundreichsten des Sees, teils wurden sie in Unteruhldingen rekonstruiert, die Originale sind unter Schutzbauten unterhalb der Wasseroberfläche verborgen. Von 3900 bis 900 v. Chr. waren sie immer wieder bewohnt und neu errichtet worden.

Angenehm radeln durch die Alleen von Überlingen.

Über Überlingen Man kann vom Ufer aus direkt über die B31 nach Überlingen fahren, etwas ruhiger geht es jedoch mit der in Tour 6 beschriebenen Streckenführung – siehe bis Goldbach dort. An der Silvesterkapelle biegen wir dieses Mal nicht ab, sondern fahren geradeaus weiter, durch das neue Gelände der Landesgartenschau hinein nach Überlingen. Da wir uns für die Pfahlbauten interessieren, durchqueren wir die Stadt heute nur (zu ihr mehr unter Tour 8), indem wir die Bahnhofstraße entlangfahren, an der Therme vorbei, am Theater (alte Kapuzinerkirche) leicht rechts, über den Landungsplatz und schließlich die Hafenstraße links hoch. Anschließend rechts (der nächste Teil ist wiederum bis kurz vor der Birnau identisch mit Tour 8), in die Seestraße, am Jachthafen vorbei und dann kurz links

Guten Appetit

Das Hotel und Restaurant Seehalde in Maurach in unmittelbarer Nähe der Birnau liegt direkt am Ufer und lockt einerseits Vorbeifahrende und -wandernde, lädt aber mit seinen Unterkünften auch zu längerem Verweilen ein. Besondere Attraktion sind die »Genuss-Kistle« als Geschenke, Mitbringsel oder zum Selbergenießen.

hoch und wieder rechts in den Strandweg an der Bahntrasse. Wir folgen dieser nun lange am Strandbad und dem nächsten Segelhafen entlang bis zu den ersten Häusern im benachbarten Nußdorf. Aus dem Strandweg wird die Straße Zum Kretzer, an der Kreuzung biegen wir rechts ab Richtung des Nußdorfer Strandbads (Straße Zur Forelle), vor dem ebenfalls ein versunkenes Pfahldorf liegt, dann wieder kurz links hoch und rechts weiter in der Straße Zum Hecht, wieder an der Bahn bis zum Ortsende von Nußdorf.

Nach Unteruhldingen Unterhalb der Birnau kommen wir am Schloss Maurach vorbei und halten uns weiter auf dem Radweg an der Bahntrasse. Er führt schnurgerade auf Oberuhldingen zu, doch kurz vor Erreichen des Orts wenden wir uns rechts Richtung Bauernhof und an diesem vorbei links zur Straße nach Seefelden. Unser Weg geht links und gleich wieder rechts an der Kläranlage entlang bis Unteruhldingen. An den Tennisplätzen vorbei kommen wir ins Ortsinnere. Um zum Unteruhldinger Hafen mit seiner schönen Aussicht in Richtung Mainau und Bodanrück und der kleinen spätgotischen Kirche (1505) zu kommen, folgt man einfach der vorhandenen Beschilderung zu den Pfahlbauten. Unteruhldingen selbst, direkt am See gelegen, ist ein eher unscheinbares Dorf, weist aber mit dem Reptilienhaus (Ehbachstraße 4, im Winter nur am Wochenende, im Sommer täglich von 9.30–18 Uhr geöffnet) und natürlich den berühmten Pfahlbauten am Seeufer gleich zwei weithin bekannte Höhepunkte auf. Vom Hafen aus sind diese rechts an der

Die spätgotische Dorfkapelle von Unteruhldingen

Die sehr alte Pfarrkirche von Seefelden lohnt den kurzen Abstecher.

Seefelder Straße (über die wir hereingefahren sind) leicht zu erreichen. Das Museum mit integriertem Institut präsentiert dort seit 1922 exemplarisch die verschiedenen Forschungsstände zu den Pfahlbauten des Sees – auch Exemplare aus Sipplingen. Dazu kommen einige moderne Museumsbauten (täglich geöffnet 9–17 Uhr, im Winter eingeschränkte Öffnungszeiten). Vorführungen und Sonderausstellungen gehören zum Programm des Museums, ebenso wie der Einblick nicht nur in das Leben der einstigen Bewohner, sondern auch die Arbeit der zeitgenössischen Forscher. Auf gleichem Weg geht es schließlich nach Sipplingen zurück; wer möchte, kann auch die Bahn benutzen (Bahnhof Uhldingen-Mühlhofen in Oberuhldingen).

Unteruhldinger Berühmtheiten: die Pfahlbauten

Bodensee-Erfahrung: Noch mehr Pfahlbauten

Auf unseren Touren begegnen uns mehrfach Pfahlbauten bzw. Museen, die Funde aus jener Zeit präsentieren. So in Konstanz (Tour 1) im Archäologischen Landesmuseum, wo im Inneren Hütten und Räume der Seebewohner nachgebaut wurden, in Wangen (Tour 5) mit dem Pfahlbau neben dem Fischerhaus, in Frauenfeld (Tour 25) im Archäologischen Museum des Kantons Thurgau und in der Römerstadt Arbon (Tour 19), deren Ufer schon lange vor den italienischen Einwanderern von Steinzeitmenschen bewohnt waren. Generell gilt die Faustregel: Wo sich eine noch so kleine Landzunge in den Bodensee erstreckt, dort lebten mit Sicherheit vor Tausenden von Jahren unsere Vorfahren in einem Pfahlbaudorf.

8 Von der Reichsstadt ins Rokoko

Überlingen – Birnau

Leicht | 12 km | 25 Hm | 1.00 Std.

Highlight Stadtspaziergang

Tourencharakter
Anfangs innerstädtischer Verkehr, dann gemächlich am Ufer entlang bis zum kurzen, aber sanften Anstieg hoch zur Birnau. Für Familien geeignet, die Stadtverkehr gewohnt sind

Ausgangs-/Endpunkt
Überlingen, Greth (am Landungsplatz)

GPS
47.765943, 9.160103

Anfahrt
Bahn: Der Bahnhof Überlingen wird von Regionalzügen der Strecke Basel–Ulm und Radolfzell–Friedrichshafen bedient.
Auto: Überlingen liegt an der B31.

Für Radfahrer
Fahrradläden gibt es in Überlingen und Nußdorf.

Anschlusstouren
Tour 6 (Ludwigshafen), Tour 7 (Unteruhldingen)

Einkehr
Überlingen, Maurach

Karte
LGL F511 Westlicher Bodensee, 1:50000

Information
Kur und Touristik Überlingen, Landungsplatz 5, D-88662 Überlingen, Tel. 0049/(0)7551-9471522, www.ueberlingen-bodensee.de

Überlingen und die Birnau, die wir heute besuchen, sind zwei Klassiker des Bodenseetourismus. Und natürlich haben sie diesen Status verdient.

Überlingen Unsere Tour startet auf dem Landungsplatz an der Greth, dem spätbarocken Waren- und Handelshaus Überlingens (Erbauer: Franz Anton Bagnato), für eine erste Runde durch die äußerst sehenswerte Altstadt. Die einstige Reichsstadt hat viel von ihrem mittelalterlichen Charme bewahrt und noch viele Denkmäler zeigen ihre einstige Bedeutung. Vom Landungsplatz vor der Greth fahren wir links (Richtung Goldbach/Sipplingen, Jakob-Kessenring-Straße) bis zur profanierten Kapuzinerkirche, heute ein Theater. Hier scharf rechts in spitzem Winkel bis zur evangelischen Kirche, auch sie am Ort eines ehemaligen Klosters. Links die Grabenstraße hoch bis zum Stadttor. Hier vorerst links in die Vorstadt: links die Gunzoburg, ein sehr rustikal wirkendes mittelalterliches Patrizierhaus, etwas weiter dann rechts die kleine

Pilgerkirche St. Jodok (15. Jh.). Wir kehren wieder um und rollen nun durch das Stadttor, hinter dem sofort die eigentlich gotische, jedoch barock überformte und ausgestattete Franziskanerkirche auftaucht. Kurz nach den Klosterbauten biegen wir links ab in die Pfarrhofstraße zum Überlinger Wahrzeichen, dem gotischen Nikolausmünster mit seinem charakteristischen Turm. Die Innenausstattung ist besonders sehenswert und kann einige Meisterwerke der Gotik und der Renaissance aufweisen. Aus letzterer Epoche stammt auch das benachbarte Rathaus, das der Repräsentation der mächtigen Reichsstadt naturgemäß angemessen sein musste. Überhaupt finden sich um das Münster herum viele schöne Bauten jener glanzvollen Tage. Wir fahren noch in die Lindenstraße, an deren Ende kurz rechts abwärts, aber gleich die nächste links (Münsterstraße), bis diese am Ende der Altstadt in die Mühlenstraße übergeht. Für's Erste ist unsere Überlingen-Runde beendet, aber wir kommen später hierher zurück.

Zur Birnau In der Mühlenstraße halten wir uns nicht lange auf, sofort nach dem Hafenbecken fahren wir im Kreisel rechts in die Seestraße, am Jachthafen vorbei und dann kurz links hoch und wieder rechts in den Strand-

Oben, Mitte, unten: Impressionen aus dem Herzen der Altstadt von Überlingen

Guten Appetit

In Überlingen empfiehlt sich, sofern man länger in der Stadt ist, aufgrund der Auswahl ein kulinarisches Durchwechseln. Mittagessen traditionell regional oder international, Kaffeetrinken am See, Feierabendbier in einer der Beizen der Stadt oder auch mal das etwas edlere Restaurant für den locker sitzenden Geldbeutel – Abwechslung gefällt.

weg an der Bahntrasse. Wir folgen dieser nun lange am Strandbad und dem nächsten Segelhafen entlang zu den ersten Häusern im benachbarten Nußdorf. Aus dem Strandweg wird die Straße Zum Kretzer, an der Kreuzung biegen wir rechts ab Richtung nächstes Strandbad (Straße Zur Forelle), dann wieder kurz links hoch und rechts weiter in der Straße Zum Hecht, wieder an der Bahn. So kommen wir an den Ortsrand von Nußdorf, biegen hier nach dem Campingplatz links über die Gleise und dann hoch auf den etwas holprigen Weg ab und gelangen hinauf zur nicht mehr zu übersehenden Wallfahrtskirche Birnau. Schon im Mittelalter stand hier eine kleine Marienkapelle, die als beliebtes Pilgerziel von den Zisterziensern der Reichsabtei Salem betreut wurde. Die anhaltende Beliebtheit der Wallfahrt führte zu einem kompletten Neubau in den 1740er-Jahren unter der Leitung des berühmten Vorarlberger Baumeisters Peter Thumb. Es wurde alles unternommen, um die Pracht zu steigern. Die turmbekrönte Fassade mit den symmetrisch angebauten Prioratsbauten ist durch ihre

Unterhalb der Wallfahrtskirche liegt Maurach.

hervorragende Lage am Überlinger See weithin sichtbar. Die Ausstattung ist prunkvollstes Rokoko mit den überbordenden Stuckaturen von Joseph Anton Feuchtmayer. Der Erfolg dieses Rokokojuwels hält bei seinen Besuchern bis heute an, wie tägliche Busladungen an Touristen beweisen. Seit 1919 wird die Kirche auch wieder von Zisterziensern betreut. Auf der anderen Seite des Vorplatzes rollen wir den Berg wieder hinunter bis kurz vor die Gleise, hier rechts vorbei an Schloss Maurach, einst im 18. Jahrhundert zur Sommerresidenz der Salemer Äbte umgebaut, heute ein Tagungszentrum.

Darf in keinem Bodenseebuch fehlen: die Birnau

Auf gleichem Weg geht es nun zurück nach Überlingen. Die Zeit dort sollte man nutzen, um entweder eines der Museen zu besuchen oder zum Ausklang eine der zahlreichen Gastwirtschaften, Kneipen oder ein Café aufzusuchen, von denen Überlingen eine große Vielfalt zu bieten hat.

Bodensee-Erfahrung: Museum Überlingen

Allen Aspekten der reichhaltigen Überlinger Stadtgeschichte von den Anfängen bis zur Reichsstadtära, von großen Barockkrippen bis zur Fasnacht, von Kunst bis Freizeitkultur, oft zusätzlich mit thematischen Sonderausstellungen, widmet sich das Städtische Museum. Untergebracht ist es im schlossartigen Reichlin-von-Meldegg-Haus, selbst bereits ein Denkmal erster Güte, sogar mit hauseigener Kapelle (Öffnungszeiten Di–Sa 9–12.30 und 14–17 Uhr, So (im Sommer) 10–15 Uhr, www.museum-ueberlingen.de).

9 Durch den Linzgau

Ravensburg – Markdorf – Bermatingen – Salem

Leicht | 34 km | 35 Hm | 2.00 Std.

Highlight
Sehenswürdigkeit

Tourencharakter
Meist flache und gut befestigte Strecke, nur einige kleinere kurze Anstiege. Fast ausschließlich auf ausgewiesenen Radwegen. Für Familien geeignet

Ausgangspunkt
Ravensburg, Spital Heilig Geist

Endpunkt
Salem, Bahnhof

GPS
47.781136, 9.609446

Anfahrt
Bahn: Ravensburg liegt an den IRE-Strecken Stuttgart–Friedrichshafen und Basel–Ulm. Die Regionalbahn BOB fährt von Aulendorf bis Friedrichshafen.
Auto: In Ravensburg treffen sich die B33, die B30 und die B32 in Nord-Süd-Richtung.

Für Radfahrer
Fahrradläden gibt es in Ravensburg, Leimbach, Markdorf und Salem-Weildorf.

Anschlusstouren
Tour 13 (Ravensburg)

Einkehr
Ravensburg, Dürnast, Markdorf, Bermatingen, Salem

Karte
LGL F529 Östlicher Bodensee, 1:50000

Information
Tourismusgemeinschaft Gehrenberg-Bodensee, Marktstraße 1, D-88677 Markdorf, Tel. 0049/(0)7544-500290, www.gehrenberg-bodensee.de

Von Ravensburg aus startet unsere große Tour durch den Linzgau. Mit Markdorf, Bermatingen und der einst mächtigen Reichsabtei Salem folgt ein Höhepunkt dieser Landschaft unter dem Gehrenberg auf den nächsten.

Von Ravensburg nach Markdorf Wir starten am Rand der Ravensburger Altstadt (siehe Tour 13), am mittelalterlichen Spital direkt am Untertor (Bachstraße). Stadtauswärts fahren wir geradeaus an der Sparkasse vorbei am Radweg entlang der Meersburger Straße bis zur Mühlbruckkapelle, hinter der wir links einbiegen auf den nun ansteigenden Radweg, der kurz vor den ersten Häusern noch einmal leicht nach links abzweigt, wo er nun weiterhin hochführt, uns dann aber in großer Spitzkehre über die Brücke auf die andere Seite der Schnellstraße bringt. Hier wenden wir uns rechts, um nun an der Schussen entlang bis zur nächsten Brücke der Schnellstraße (B33) zu fah-

ren, wo wir rechts in den Wald abbiegen. Dort geht es wiederum rechts hoch, am Forstbetrieb vorbei, wir stoßen bald erneut auf die B33, bleiben aber – bitte darauf achten! – links von ihr, sie wird uns nun lange bis Bavendorf begleiten. Wenn man sie stets im Blick hat, fährt man richtig – was allerdings nicht allzu schwierig ist, denn der Radweg geht ausschließlich mit ihr geradeaus. Auf gleiche Art und Weise kommen wir durch die Dörfer Bavendorf, Wernsreute und Dürnast, bevor der Radweg hier kurz nach dem Dorf einmal etwas stärker nach links abweicht und sich von der B33 entfernend über die Nelkenstraße nach Hefigkofen hineinführt. Hier gelangen wir wieder zur Bundesstraße und biegen links ab. Der weitere Weg bis Markdorf könnte nicht einfacher sein – wir bleiben die nächsten Kilometer stets auf dem Radweg, der die Bundesstraße durch Neuhaus, Stadel, Hepbach und Leimbach begleitet. Zu beachten ist lediglich, dass er gelegentlich die Seite wechselt: Lassen Sie sich also nicht auf Abwege von der B33 fortführen, sondern nehmen Sie einfach das Pendant auf der gegenüberliegenden Straßenseite. So kommen wir schließlich in Markdorf an, dessen hoher Kirchturm uns schon längere Zeit als Orientierung dient.

Das Obere Tor in Markdorf …

Linke Seite: … und das Untere Tor

Die heimliche Hauptstadt des Linzgaus Wir fahren noch etwas mit der B33 tiefer in den Ort hinein, biegen dann aber rechts über den Weinsteig hoch in die Altstadt von Markdorf ab. Auf uns wartet ein sehr schönes Ensemble denkmalgeschützter Bauten: links das Bischofschloss mit seinem von

Guten Appetit

Öxles Schwanenstüble im Herzen von Markdorf bietet eine sehr vielfältige Speisekarte mit einer großen Auswahl insbesondere auch für Vegetarier und die kleinen Gäste. Der Familienbetrieb bezieht Fisch und Fleisch aus der direkten Umgebung.

Die ehemalige Stifts- und heutige Pfarrkirche von Markdorf

einem Treppengiebel gekrönten unübersehbaren Wohnturm aus dem 16. Jahrhundert. Die restlichen dazugehörigen Gebäude, heute ein Hotel, entstanden im 18. Jahrhundert. Stadtherr war seit dem 14. Jahrhundert der Konstanzer Fürstbischof, der Markdorf, damals bereits eine Stadt, zum Zentrum seiner Besitzungen im Linzgau und zur Sommerresidenz erhob. So gefördert vermittelt die Stadt bis zum heutigen Tag, obwohl oder gerade weil sie nach dem Dreißigjährigen Krieg etwas an Bedeutung verlor, einen schönen geschlossenen Eindruck mit vielen stattlichen Gebäuden diverser Epochen. Überragt wird der hohe bischöfliche Burgturm durch denjenigen der links vor uns stehenden Pfarr- und ehemaligen Chorherrenstiftskirche St. Nikolaus, einen auf romanischen Vorgängern beruhenden überwiegend gotischen Bau. Vom weiten Platz hinter der Kirche sollte man eine kurze Runde durch die Altstadt drehen: Richtung Osten in die sehr adrett gestaltete Straße zum Obertor mit seinem gotisch restaurierten Durchlass, vor dem die Mauritiuskapelle (14. Jh.) liegt; Richtung Norden zum Spital, dem ehemaligen Kapuzinerinnenkloster mit barocker Kirche samt Inventar; Richtung Süden zum markanten Hexenturm mit Gefängnis, nun Museum. Im Anschluss geht es über die Marktstraße durch das untere Stadttor.

Bermatingen Zentrum – mit dem turmbekrönten Rathaus

Nach Bermatingen Auf der anderen Seite des Tors in der Hauptstraße angekommen, fahren wir geradeaus bis zum Ortsrand, wo der Fahrradweg nach Bermatingen beginnt. Nach kurzer Zeit kommen wir an einem einsamen Hof vorbei, rechts sehen wir den kleinen Ortsteil Wangen an den Weinberghängen. Ein auffälliger Bildstock verweist auf eine düstere Vergangenheit: Hier gingen einst die Verurteilten zum Galgenberg, der sich links von uns erhebt. Wesentlich entspannter als für diese geht es für uns auf dem Radweg weiter bis Bermatingen: Wir verlassen nun das fürstbischöfliche Gebiet und werden zu Untertanen des nächsten geistlichen Herrn, des Abts von Salem. In dem durch Wein- und Obstanbau landwirtschaftlich geprägten Ort folgen wir der Durchgangsstraße (erst Markdorfer Straße, dann Salemer Straße). Bermatingen ist zurecht berühmt für seine schönen und gut erhaltenen Fachwerkbauten überwiegend des 18. Jahrhunderts, darunter das Rathaus mit seinem Dachreiter und Vordach zum Durchschreiten sowie das Salemer Amtshaus (16. Jh.) gegenüber. Die Kirche dagegen liegt außerhalb am Ortsrand. Über den Kirchweg links durch die moderne Siedlung kommen wir zu dem sehr großen romanisch-spätgotischen Bau mit dem kräftigen frühgotischen Turm. Das dreischiffige Gotteshaus ist mit wertvollen mittelalterlichen Fresken über und über bemalt. Das Pfarrhaus nebenan stammt übrigens von niemand Geringerem als Peter Thumb, dem Erbauer der Birnau.

»Nur« eine ganz schlichte Friedhofskapelle in Salem

Das Torhaus der Reichsabtei Salem

Salem Vom Friedhof aus treffen wir über den Kirchweg links wieder auf die Salemer Straße und erneut links an dieser entlang bis hinter die Tankstelle, wo wiederum links ein Weg unter der Bahnlinie hindurch in ruhigere Gefilde abzweigt. Dahinter geht es am Wegweiser gleich rechts durch die weite Wiesenlandschaft. Der Radweg führt nun bald wieder am Bahndamm entlang – wir bleiben stets links von diesem – bis nach Salem. Doch Salem ist nicht gleich Salem. Was man landläufig darunter versteht – das heutige »Schloss« – ist genau genommen der kleinste Teil der Gemeinde, aber der namensgebende. Unser erstes buchstäbliches Teilziel ist somit – auch auf den Wegweisern – Neufrach. Weiter hinten links am Horizont ist das Renaissanceschloss Heiligenberg zu erkennen. Dorthin kommen wir zwar nicht, doch unterqueren wir nun schon am Neufracher Ortsrand die Bahnlinie und fahren in Richtung Gasthof Apfelblüte. Wir folgen der Radwegbeschilderung durch die Aachstraße und kommen schließlich zum Verkehrskreisel, wo wir rechts (erste Abfahrt, L205) den Fahrradweg nehmen.

Die Reichsabtei Die großen Weiher links von uns waren die Fischgründe des Klosters. Einer von ihnen ist heute ein sehr attraktiv gestaltetes kostenloses Freibad mit großem Freizeitbereich, hier biegen wir links ab. Nun sind wir rechts angekommen in Stefansfeld. Wir können uns aber hier gleich schon mal an die folgenden Prachtbauten gewöhnen und uns links die hochbarocke Stefansfeld-Kapelle (Sancta Maria Victoria) im kleinen Friedhof ansehen, ein Werk von Franz Beer (1710). Im Anschluss erste Wirtschaftsbauten des Klosters. Dann ist es so weit: Die Straße führt uns direkt auf das außerhalb gelegene Gelände der einstigen Reichsabtei Salem zu. Rückkehr zu Armut und Strenge war einst das Motto der Zisterzienser, als sie das Kloster 1137 im damals noch Salmannsweiler genannten Ort gründeten. So richtig zu merken ist das nicht mehr, insbesondere, nachdem die Abtei zur wichtigsten der Region aufstieg, wirtschaftlich erblühte und nicht wenig Besitz im Umland erwerben könnte. Reformation und Dreißigjähriger Krieg brachten zwar Rückschläge, das 18. Jahrhundert aber noch einmal einen imponierenden Aufschwung, dem wir u.a. das heutige Aussehen und auch die Birnau (siehe Tour 8) zu verdanken haben.
Das sehr große, noch immer von einer turmbewehrten Mauer umringte Gelände beherbergt heute allerlei verschiedene Attraktionen. Das Schloss, so genannt nach »Übergabe« des 1803 säkularisierten Klosters an die Markgrafen von Baden (seit 2009 in Besitz Baden-Württembergs) und das Münster sind nur mit Eintritt zugänglich (April–Oktober, Mo–Sa 9.30–18, So

Von Armut als Ordensgelübde ist hier nur noch wenig zu erkennen.

10.30–18 Uhr). Nachdem wir das rosafarbene Untere Tor durchschritten haben, blicken wir auf den fulminanten Kontrast des hochgotischen Münsters (um 1290 bis 1414) mit den Barockbauten ringsumher. Zeitlich ist der geknickte Lange Bau rechts am zweitältesten (frühes 17. Jh.), doch der Rest musste nach einem Großbrand 1697 komplett neu errichtet werden. Man bot, auch für die Neuausstattung des Münsters, das im Innern wenig von der gotischen Strenge des Äußeren hat, auf, was man an Spitzenarchitekten und -künstlern bekommen konnte. Bekannt ist Salem heutzutage für sein Internat, es bietet aber weit mehr – nicht nur für Kunstgenießer. Verteilt auf die zahlreichen Gebäude finden sich Gaststätten, insbesondere Wein aus heimischer Produktion – es gibt sogar einen kleinen Schauweinberg –, dazu viele Handwerksbetriebe mit Ladenverkauf und ein Feuerwehrmuseum (Öffnungszeiten wie oben). Von den Parkplätzen aus fahren wir rechts nun direkt über die Wiesen den schnurgeraden Weg zurück nach Mimmenhausen. Wieder auf der Bodenseestraße angekommen, biegen wir im Zentrum am Rathaus in die Bahnhofstraße links ein, der wir bis zum Bahnhof Salem folgen, wo uns die Bahn via Friedrichshafen zurück nach Ravensburg bringt.

Bodensee-Erfahrung: Affenberg Salem

Überregional weit bekannt und beliebt ist der Affenberg am Salemer Mendlishauser Hof. Mit zwanzig Hektar bietet Deutschlands größtes Affengehege die direkte Begegnung mit Berberaffen, die sich frei auf dem Gelände bewegen dürfen und sich nicht scheuen, Besucher um Futter anzugehen. Dazu gibt es eine Damwild- und eine Storchenabteilung (Öffnungszeiten: März–Oktober 9–18 Uhr).

10 Mit Annette auf dem Fahrrad

Meersburg – Hagnau – Breitenbach

Mittel | 13 km | 120 Hm | 1.00 Std.

Highlight Sehenswürdigkeit

Tourencharakter
Anfangs flach am Ufer, ab Hagnau dann jedoch immer wieder mal Anstiege und um Breitenbach unbefestigte Wege

Ausgangs-/Endpunkt
Meersburg, Unterstadt

GPS
47.693317, 9.270104

Anfahrt
Bahn und Bus: Größere Bahnhöfe sind in Überlingen und Friedrichshafen, kleinere des Seehänsele (RB Radolfzell–Friedrichshafen) in Bermatingen und Markdorf. Von diesen Orten aus ist Meersburg sehr gut mit dem Bus zu erreichen, u. a. mit der Seelinie 7395 Überlingen–Friedrichshafen.
Auto: Die Stadt liegt an der B 31 Singen–Lindau und der B 33 Konstanz (Fährverbindung)–Ravensburg.

Für Radfahrer
Fahrradläden in Meersburg, ein Fahrradverleih in Hagnau

Anschlusstouren
Tour 11 (Friedrichshafen)

Einkehr
Meersburg und Hagnau

Karte
LGL F 529 Östlicher Bodensee, 1:50 000

Information
Abteilung Tourismus und Veranstaltungen, Kirchstraße 4, D-88709 Meersburg, Tel. 0049/(0)7532-440400, www.meersburg.de

»Man lebt hier recht angenehm und überaus ungeniert«, schrieb Annette von Droste-Hülshoff aus Meersburg in die westfälische Heimat. Offensichtlich genoss sie ihren Aufenthalt am Bodensee.

Die adelige Dichterin am See Ob Annette von Droste-Hülshoff (1797–1848) Fahrrad respektive Draisine gefahren ist, wissen wir nicht. Ausgeschlossen ist es nicht, denn sie war Neuem gegenüber sehr aufgeschlossen, nutzte früh die Eisenbahn. Gesichert ist aber in jedem Fall, dass sie sehr gerne in und um Meersburg spazieren ging und so können wir trotzdem leicht ihren Spuren folgen. Schon 1835 war das adlige Fräulein aus Westfalen einmal am Bodensee, in Eppishausen, Kanton Thurgau, dort bewohnte ihr Schwager von Laßberg das Schloss. Ihre Eindrücke waren damals geteilt, sie traf auf ein allzu bekanntes Phänomen der Region, »das Schlimmste war ein Nebel, aus dem man Brey hätte kochen können«. Doch als die Laßbergs Burg Meersburg

erwarben und Annette ihre Schwester dort besuchte, freundete sie sich bald mit dem milden Klima des Sees und der Landschaft an. Ab 1841 kam sie regelmäßig zu sehr langen Aufenthalten nach Meersburg, wo sie, ihr Leben lang stets kränklich, 1848 auch verstarb. Zu diesem Zeitpunkt war sie längst eine der bekanntesten Dichterinnen Deutschlands und ihr Ruhm vergrößerte sich noch mehr.

Wir starten in der Unterstadt, dem planmäßig am Ufer angelegten Teil Meersburgs mit Sehenswürdigkeiten wie der Unterstadtkapelle (mit wertvollem Altar), dem Unterstadttor und dem Gredhaus sowie vielen Einkehr- und Einkaufsmöglichkeiten. Richtung Hagnau, an Hafen und Therme vorbei unterhalb der Weinberge fahren wir stadtauswärts.

Hagnau und Breitenbach »Ich gehe jeden Tag den Weg nach Haltenau«, so Annette, auch wir fahren an dem historischen Rebgut Haltnau – das auf das Jahr 1225 zurückgeht – vorbei und kommen über Stettener Gemeindegebiet bald in Hagnau an dessen Uferpromenade an. Die Meersburger Straße bringt

Die Meersburg, Aufenthaltsort von Annette von Droste-Hülshoff

Eingang zur Unterstadt Meersburg

uns ins Ortsinnere mit seinen vielen Klosterhöfen und Gasthäusern, beides dem Weinanbau zu verdanken. Es fällt sichtlich nicht schwer, allenfalls durch die große Auswahl, ein Gasthaus zu finden, um dort vielleicht einen der örtlichen Rebensäfte zu genießen.

Wir fahren erst einmal die Seestraße entlang, bis wir unterhalb an das lang gestreckte Gebäude kommen, heute Rathaus und Museum, einst Hof der Reichsabtei Weingarten (siehe Tour 13). Links hoch durch das Tor des Gebäudes hindurch, vorbei an der Winzergenossenschaft, führt unser Weg auf die Kirche St. Johannes Baptist zu, deren markanter Turm und Chor der Gotik, das Langhaus dem Barock entstammen. Der Innenraum beeindruckt durch seine farbenfrohe Bemalung. Auffällig ist das Nachbarhaus der Abtei Salem im Norden der Pfarrkirche, unverputztes, grobes Mauerwerk verweist auf hohes Alter, wohl Reste eines Wohnturms aus dem 13. Jahrhundert. Vor

Guten Appetit

Das Rebgut Haltnau ist nicht nur eine beliebte Weingaststätte, sie kann auch ein beträchtliches Alter und ihre hauseigene Sage aufweisen. Hatte doch einst die leider recht hässliche Wendelgard das Gut im Mittelalter der Stadt Meersburg angeboten, wenn man ihr nur Gesellschaft leisten würde. Die Stadtväter zögerten zu lange, die Konstanzer griffen zu. Noch heute gehören die sehr guten Weinlagen der Konstanzer Spitalstiftung.

der Kirche links, dann weiter rechts hoch in die Fritz-Zimmermann-Straße, über die B31 in die direkt gegenüberliegende Ittendorfer Straße. Es geht bergan und dann durch ein Wäldchen, bis wir auf die B33 stoßen. Auf dieser kurz links und sogleich wieder rechts ab zum Gutshof Breitenbach. Die markanten, schön in der Landschaft gelegenen Gebäude sind schon seit dem Mittelalter im Besitz des Konstanzer Spitals.
Ein besonderes Idyll ist die sehr schöne spätgotische Kapelle, im Inneren schlicht, aber versehen mit jahrhundertealten Grüßen der hier vorbeikommenden Jakobspilger. An ihr vorbei wieder bergan, an den nächsten beiden Kreuzungen geradeaus, bis wir wieder auf ein Landsträßchen nahe Stetten stoßen, hier dann rechts in Richtung Riedetsweiler.

Klosterhöfe in Hagnau: Weingartner (links), Schussenrieder Hof (rechts)

Linke Seite oben: Beste Lage: Weinberge am Seeufer bei Meersburg

Linke Seite unten: In der fürstbischöflichen Reitschule residiert heute das Staatsweingut.

Die Kirche von Hagnau mit ihrem charakteristischen Turm

Das ehemalige Priesterseminar in Meersburg

Zurück zu Annette In Riedetsweiler links, nun geht es wieder nach Meersburg hinein. Die spätgotische Friedhofskapelle mit ihren Fresken steht außerhalb; wer hier den Gottesacker betritt, trifft gleich links auf das Grab der Annette von Droste-Hülshoff, in seiner Schlichtheit angemessen. Sie ist nicht die einzige prominente Persönlichkeit, die hier ihre letzte Ruhe gefunden hat. »Vom Menschsein erlöst« steht auf dem einfachen Grabstein des skeptischen Philosophen Fritz Mauthner (1849–1923) und seiner Frau, der Schriftstellerin Harriet Straub (1872–1945). Weitaus weniger bescheiden dagegen prangt das Grabmal Franz Anton Mesmers (1734–1815) auf einer Art Lichtung innerhalb des Friedhofs: Der geheimnisumwitterte Erfinder des Heilens durch Magnetismus hat sich ein Denkmal setzen lassen voller Symbolik – und mit einem Kompass auf der Oberseite. Vom Friedhof aus rollen wir hinunter bis vor das Obertor. Hier sollte man das Rad irgendwo abstellen, um sich der Oberstadt widmen zu können. Dort warten die Burg (Museum mit Drostezimmer), die der

Links: In der Unterstadt

Rechts: Das Neue Schloss

Legende nach zu den ältesten in Deutschland gehört. Der heutige Bau entstammt dem 12. und vor allem 16. Jahrhundert und diente den Konstanzer Fürstbischöfen solange als Residenz, bis sie im 18. Jahrhundert das Neue Schloss nebenan mit seinem herrlichen Terrassengarten errichteten. In der Ausgestaltung ließ man sich nicht lumpen, Balthasar Neumann trug das Treppenhaus bei, die Kapelle stuckierte Joseph Anton Feuchtmayer. Die barocke Bautätigkeit verhalf Meersburg außerdem zu dem benachbarten Reit- und Stallhof und dem Priesterseminar, die heute mit der Burg und der Kirche (frühes 19. Jh.) die Skyline hoch am Ufer beherrschen. Pflichtbesuch für uns als Annette-Verehrer ist das Fürstenhäusle, von ihr mitsamt Weinbergen 1843 als persönlicher Besitz erworben. Die Freude war groß, die Dichterin bezeichnete sich ironisch als »GRANDIOSE Grundbesitzerin« und war begeistert von der Lage: »Die Aussicht ist fast zu schön.« Heute ist das kleine Gebäude der Dichterin gewidmet und ein sehr guter Abschluss für unsere Tour.

Bodensee-Erfahrung: Wallfahrtskirche Baitenhausen

Wer in Riedetsweiler rechts abbiegt, kann einen kurzen lohnenswerten Abstecher nach Baitenhausen unternehmen. Seit 1700 steht die Wallfahrtskirche Maria zum Berge Karmel auf dem Schlosshügel, nachdem man sie vom Dorf hierher verlegt hat. Außen scheinbar wenig eindrucksvoll, überrascht die Kirche im Innern mit einer erlesenen Barockausstattung – als Lieblingsobjekt der Konstanzer Fürstbischöfe wurde sie hervorragend geschmückt. Im linken Seitenschiff erkennt man an der Decke ein schönes Porträt der Stadt Meersburg.

Links: Vom Terrassengarten hinüber zur Burg

Rechts: Das ehemalige Frauenkloster, heute Museum

Oberschwaben und Bayern – am Alpenrand

Die berühmte Hafeneinfahrt von Lindau (Tour 15) (o. li.). Das Zeppelinmuseum in Friedrichshafen (Touren 11 und 14) (o. re.). Die Schussen kurz vor der Mündung in den Bodensee (Tour 14) (u. re.). Blick auf den Säntis von Friedrichshafen aus (Tour14) (u. li.).

11

Wie Graf Zeppelin

Konstanz – Meersburg – Immenstaad – Friedrichshafen

Leicht | 28 km | 65 Hm | 2.00 Std.

Highlight Sehenswürdigkeit

Tourencharakter
Klassische flache Uferstrecke, anfangs direkt am See, später oft an der B 31. Die Fähre ist gebührenpflichtig.

Ausgangspunkt
Konzil-Konstanz

Endpunkt
Friedrichshafen, Zeppelinmuseum

GPS
47.660990, 9.178619

Anfahrt
Bahn: Nach Konstanz fahren Züge aus Deutschland (IR, S-Bahn) und der Schweiz (IC, IR, S-Bahn).
Auto: Die Stadt liegt an der B 33 (Verlängerung der A 81) und der Schweizer Autobahn A 7.

Für Radfahrer
In Hagnau gibt es einen Fahrradverleih, Fahrradläden in Konstanz, Meersburg, Immenstaad und Friedrichshafen.

Anschlusstouren
Tour 1 (Konstanz), Tour 10 (Meersburg)

Einkehr
Konstanz, Meersburg, Hagnau, Immenstaad, Friedrichshafen

Karte
LGL F 529 Östlicher Bodensee, 1:50 000

Information
Touristinfo Friedrichshafen, Bahnhofplatz 2, D-88045 Friedrichshafen, Tel. 0049/(0)7541-30010, www.friedrichshafen.info

Von seinem Geburtsort Konstanz hinüber auf die andere Seeseite nach Friedrichshafen, in die Stadt, die man noch heute am meisten mit seinem Wirken in Verbindung bringt, folgen wir der Flugroute des Grafen Zeppelin. Als Bonus gibt es eine Fährfahrt.

Vom Inselkloster auf die Fähre Gegenüber dem historischen Konzilsgebäude findet sich das Denkmal für Ferdinand Graf Zeppelin (1838–1917), hier in Konstanz geboren (siehe zur Stadt Tour 1) – und gar nicht weit von der hoch aufragenden Säule. Wir überqueren die Gleise vor dem Haupteingang des Konzils, fahren rechts auf den Radweg an der Straße und kommen so,

am Theater vorbei, zum Inselhotel, der Geburtsstätte des berühmten Grafen. In jenen Tagen war das ehemalige Dominikanerkloster, einst Wirkungsort des Mystikers Heinrich Seuse (1295–1366), eine Kattunfabrik im Besitz der Familie Macaire, aus der Zeppelins Mutter stammte. Heute noch sehenswert ist der bemalte Kreuzgang.
1840 zogen die Zeppelins dann hinüber nach Kreuzlingen, wo sie Schloss Girsberg erworben hatten. Hier wuchs Zeppelin auf, bevor er in Stuttgart eine Militärkarriere begann, die letztlich bis zum Diplomaten, Minister und General führte. Wir fahren über die Rhein-

Guten Appetit

Wenn man schon auf der Fähre unterwegs ist, kann man sich dort ruhig eine kurze Verschnaufpause gönnen. Alle Fährschiffe besitzen ein kleines Bistro, dort gibt es Kaffee und andere Getränke, Kuchen und kleinere Snacks. Während man sich also über's Wasser chauffieren lässt, kann man den Ausblick auf die Alpen, Birnau und Mainau gemütlich genießen und sich etwas verwöhnen lassen.

Moderne Seequerung mit dem Katamaran nach Konstanz

Im Mittelpunkt der Stadt: die Pfarrkirche St. Nikolaus

brücke, dann weiterhin am Radweg der B33 entlang uns rechts haltend und leicht ansteigend auf den Salzberg, dann hinunter zum Tannenhof an der modernen Maria-Hilf-Kirche, nun wieder ansteigend in den Stadtteil Allmannsdorf bis kurz vor dessen Kirche, hier an der Großkreuzung schließlich rechts abwärts bis hinunter zur Fähre nach Meersburg. Gegen eine Gebühr bringt uns diese bequem und mit schöner Aussicht auf die Birnau und die Mainau links, Konstanz und die Alpen (bei entsprechendem Wetter) rechts nach Meersburg.

Nach Immenstaad Am Fährhafen angekommen fahren wir am Ufer entlang in die Unterstadt, durch diese hindurch und auf der anderen Seite wieder hinaus. Dieses Teilstück ist identisch mit Tour 10, bis wir in Hagnau eintreffen, dann biegen wir in der Seestraße links hoch ins Zentrum ab und fahren dort rechts in die Strandbadstraße – zu diesem führt der Weg nun ortsauswärts, natürlich wieder durch Weinberge. Auf dem Gelände des Campingplatzes geht es noch einmal kurz links hoch und dann rechts auf das Sträßchen neben der viel befahrenen B31, vorbei am Schloss Kirchberg, einstiger Sommerresidenz der Salemer Äbte. Weiter geht es geradeaus nach Immenstaad. Wie Hagnau konnte Immenstaad, auch dank der Umgehung, viel von seinem dörflichen Charme bewahren, obwohl es eine aufstrebende Gemeinde mit inzwischen gut 6000 Einwohnern ist. Davon ist wenig zu merken, wenn wir über die Meersburger Straße leicht rechts in den Ortskern hineinrollen, vorbei an der barocken Michaelskapelle (1713) und der spätgotisch-modernen Pfarrkirche St. Jodokus (15. Jh./20. Jh) mit viel alter Ausstattung. Zahlreiche hervorragend renovierte Fachwerkhäuser mit vielen Läden, Cafés und Gaststätten prägen Immenstaad und machen einen

Aufenthalt dort attraktiv. Diese Verschnaufpause in so schöner Umgebung ist durchaus nötig, gehört doch der nächste Abschnitt unserer Tour zu den eher weniger idyllischen, denn ab hier beginnt das »industrielle Zeitalter«, von niemand anderem eingeläutet als unserem Helden Graf Zeppelin. Wir radeln auf der Hauptstraße weiter bis zum Ortsausgang, biegen dort rechts auf den Radweg und kommen so direkt auf das Gelände eines der Erfolgsgeheimnisse Immenstaads: Große internationale Betriebe haben sich hier angesiedelt.

Alte Höfe und Häuser prägen das Zentrum von Immenstaad.

Wir fahren links vor den Parkplätzen über die Zufahrten der EADS wieder an die B31 heran und auf dem Radweg rechts weiter bis Fischbach. Direkt hinter dem Betriebsgelände liegt übrigens ein unscheinbarer, aber für das baden-württembergische Selbstverständnis wichtiger Ort: das kleine Bächlein – der Lipbach –, den wir hier fast unbemerkt überqueren. Es ist die Grenze zwischen Baden und Schwaben. Wie ein Ort ohne Umgehung aussieht, können wir nun an Fischbach studieren, das wir vollständig vom früheren Ortskern um die klassizistische Kirche bis zu ihrem modernen Pendant am anderen Ende der lang gezogenen Siedlung durchfahren.

Moderne trifft auf Gotik: die Immenstaader Pfarrkirche St. Jodok

Einfahrt nach Friedrichshafen

Wir bleiben immer an der B31 und kommen so schließlich über den Ortsteil Manzell in die Hauptstadt des Bodenseekreises, standesgemäß auf der Zeppelinstraße. Der Graf hatte sich schon Mitte der 1870er-Jahre Gedanken über Luftschiffe gemacht, nach sei-

ner Pensionierung 1890 ging er nun daran, diese Ideen in die Tat umzusetzen. Der württembergische König Wilhelm II., mit dem er gut befreundet war, überließ ihm Grundstücke in Manzell für diese Vorhaben, auf dem See selbst wurde eine große schwimmende Montagehalle errichtet. Im Jahr 1900 konnte das erste Luftschiff Zeppelin starten. Die ersten Versuche waren eher durchwachsen, doch obwohl LZ4 auf einem Flug nach Mainz 1908 verunglückte, hatte inzwischen das ganze Land das Zeppelin-Fieber gepackt. Ferdinand Zeppelin wurde eine der berühmtesten Persönlichkeiten des Reichs und bald Europas, der fortan mühelos seine Pläne durchsetzen konnte. Wir biegen schließlich von der Durchgangsstraße ab und fahren vor dem Landratsamt rechts über die Gleise, um uns gleich danach links an diesen entlang in die Schmidstraße einzuordnen.

Die Klosterkirche Friedrichshafen verbirgt sich zwischen den Gestängen der Jachten.

Wir radeln lange geradeaus, dann kurz nach den Tennisplätzen rechts ab hinunter in die enge Grundstraße, die uns in einer Linkskurve an Weinbergen vorbei auf die Schloßstraße bringt, auf die wir rechts abbiegen. »Schloss« Friedrichshafen, eigentlich das frühere Kloster Hofen, wird seit 1806 von den württembergischen Herzögen bewohnt. Die barocke Schlosskirche mit ihrem meisterlichen Stuck kann besichtigt werden. Via Klosterstraße kommen wir zum Stadtpark direkt am See und nach dessen Durchquerung vorbei am Klangschiff in das lebendige Zentrum von Friedrichshafen. Um 1900 besaß der Ort, vor kaum hundert Jahren zu-

Das Klangschiff

sammengefügt aus der alten Reichsstadt Buchhorn und dem Klosterdorf Hofen, nur gut 4500 Einwohner und setzte auf Sommerfrischler. Bis Graf Zeppelin kam. Der brauchte für seine Luftschiffe das, was wir heute Zuliefererbetriebe nennen. Die Motorenwerke Maybach und die Zahnradfabriken Friedrichshafen siedelten sich hier an, da Zeppelin nicht nur auf Luftschiffe, sondern auch auf Flugzeuge setzte, lockte er zudem den Ingenieur Claude Dornier an den See. All diese Betriebe erwiesen sich, Ironie der Geschichte, als langlebiger als Zeppelins Luftschiffe und sorgten dafür, dass Friedrichshafen bis heute das industrielle Zentrum der Region ist. Vom Charme der mittelalterlichen Reichsstadt allerdings ist nach der Bombardierung im Zweiten Weltkrieg nur wenig geblieben, doch arm an Sehenswürdigkeiten ist der Ort keineswegs.

Bau der Moderne: Der einstige Hafenbahnhof beherbergt heute das Zeppelinmuseum.

Unser – natürlicher – Endpunkt, das Zeppelinmuseum im alten Hafenbahnhofsgebäude, verbindet die Geschichte des berühmten Luftschiffs – das inzwischen als Zeppelin NT wieder über dem See seine Runden dreht – mit hochrangiger Kunst (täglich 9 bzw. 10–17 Uhr). Außerhalb am Flughafen wartet noch mehr Flugtaugliches im Dorniermuseum auf die Besucher (täglich 9–17 Uhr; im Winter montags geschlossen). Vom beliebten Moleturm am Hafen aus sieht man – neben dem weiten See und Alpenpanorama – den Katamaranen hinterher, die nach Konstanz hinüberfahren. Dies ist eine Möglichkeit zur direkten Rückkehr auf die andere Seeseite. Und da wäre noch vieles mehr – doch natürlich kann man die Zeit auch zum Bummeln nutzen oder um nach der anstrengenden Fahrt das Ergebnis der letzten Weinlese zu genießen.

Bodensee-Erfahrung: Zeppelindorf

Wie es sich für sozial engagierte Unternehmer jener Tage gehörte und auch weil Friedrichshafen infolge der Ansiedlung der vielen Betriebe immens schnell anwuchs, schuf Graf Zeppelin für seine Arbeiter eine eigene Wohnsiedlung. Das »Zeppelindorf« im Norden der Stadt wurde von führenden Architekten der Zeit ab 1914 entworfen und gebaut. Knapp 110 Häuser verschiedener Größe, eine »Consumanstalt«, eine Metzgerei und ein Gasthaus entstanden. Das Ensemble wurde wie die gesamte Stadt im Zweiten Weltkrieg schwer beschädigt, jedoch authentisch wiederaufgebaut und steht heute unter Denkmalschutz.

12

Brücken und Burgen

Langenargen – Schloss Gießen

Leicht | 17 km | 50 Hm | 1.00 Std.

Highlight Naturparadies

Tourencharakter
Sehr flache Strecke am Flussufer, nur ein kurzer Anstieg vor Betznau

Ausgangs-/Endpunkt
Langenargen, Bahnhof

GPS
47.599309, 9.544982

Anfahrt
Bahn: Der Bahnhof Langenargen liegt an der IR-Strecke (Stuttgart–)Friedrichshafen–Lindau. **Auto:** Die B 31 führt nördlich an Langenargen vorbei (Abfahrt Oberdorf), sie trifft hier auf die von Ravensburg kommende B 467.

Für Radfahrer
In Langenargen gibt es einen Fahrradladen direkt an der Strecke.

Anschlusstouren
Tour 14 (Friedrichshafen)

Einkehr
Langenargen, Zollhaus, Betznau

Karte
LGL F 529 Östlicher Bodensee, 1:50 000

Information
Amt für Tourismus, Kultur und Marketing, Obere Seestrasse 2/1, D-88085 Langenargen, Tel. 0049/(0)75 43-93 30 92, www.langenargen-tourismus.de

An der Argen entlang hinauf, an der Argen entlang hinunter, die Streckenführung ist einfach. Sie bietet entspanntes Fahren durch ein schönes Naturschutzgebiet rund um die alte Residenzstadt Langenargen.

Langenargen Von unserem Startpunkt, dem Bahnhof aus, fahren wir über die Bahnhofstraße ins Ortszentrum und hier am Hafen rechts zum Schloss Montfort, benannt nach der in Tettnang sitzenden Herrschaft, die hier ihr Wasserschloss als zeitweilige Residenz und Sommersitz nutzte. Die ursprüngliche Burg stand tatsächlich bestens geschützt auf einer Insel. Mehrfach zerstört und wiederaufgebaut wurde sie nach der Übernahme durch Österreich 1780 aufgegeben und als romantische Ruine zu einer großen Attraktion. Der neue Eigentümer, das Königshaus Württemberg, ließ sie jedoch 1861 durch das markante Schloss im maurisch-neuromanischen Stil ersetzen – und schuf damit eine neue Attraktion. Das Städtchen Langenargen

Schön auch in der Dämmerung: Schloss Montfort

selbst besticht durch seine Lage direkt am Seeufer sowie seinen schönen barock geprägten Marktplatz, umgeben von vielen Amtshäusern und der Kirche St. Martin (1718 bis 1722) mit ihrer Ausstattung aus der gleichen Epoche.

Über diesen Platz fahren wir zum Hafen zurück, bleiben nun aber ufernah geradeaus und biegen dann am Ende der Oberen Seestraße links ab in den Bleichweg und dann rechts in den Argenweg (dritte Straße). Vor dem Jachthafen geht es links auf den Kiesweg, der uns um das Becken herum ins Wäldchen führt, durch das die Argen fließt. So kommen wir am Argensteg an, den wir aber (noch) nicht überqueren.

Zum Schloss Gießen Stattdessen begeben wir uns auf den Uferweg links. Nun geht

Die berühmte Kettenbrücke bei Gohren

eradewegs durch
ie Natur an der Argen

Bodensee-Erfahrung: Noch ein Montforter Schloss

Die Hauptresidenz der Montfort stand im nicht weit entfernten Tettnang. Das große Barockschloss (1712 bis 1729) mit seinen markanten Ecktürmchen (Führungen Neues Schloss täglich 11–17 Uhr) gibt sich außen so prächtig wie innen. Zwar herrschten die Grafen von Montfort nur über ein eher bescheidenes Territorium, waren aber groß im Geldausgeben. Auch der Erbauer, Graf Anton III., war hoch verschuldet, doch am Bau des Schlosses hinderte ihn das nicht. Seine Nachfolger vergrößerten das Defizit, sodass sie schließlich ihre Herrschaft 1780 kurzerhand an die Österreicher verkaufen mussten.

es verlaufssicher die nächsten Kilometer stets geradeaus. Nach gut einem Kilometer unterqueren wir kurz hintereinander drei Brücken: die moderne Straßen-, die historische Ketten- und die Eisenbahnbrücke. 1897 als eine der ersten Pfeilerhängekonstruktionen Deutschlands errichtet, galt die Kettenbrücke seinerzeit als technisches Wunderwerk, sodass man ihre Pläne stolz auf der Pariser Weltausstellung von 1900 präsentierte. Seit den 1970er-Jahren ist sie nur noch für Fußgänger und Radfahrer zugelassen – und für Pferdekutschen, die in der Sommersaison von Kressbronn aus dorthin verkehren.

Weiter geht es durch das Naturschutzgebiet Argen mit einigen Infotafeln zur Natur.

Nach gut sechs Kilometern am Fluss kommen wir zur (unspektakulären) Gießenbrücke. Links der Gasthof Zum Zollhaus mit Biergarten. Unser Weg führt allerdings rechts über die Brücke.

Wir biegen nicht ab, sondern fahren das kurze Stück auf der Landstraße zum nächsten Gehöft, wo ein Weg rechts zum Schloss Gießen abzweigt. Diese einstige Wasserburg, ein Außenposten der Stadt Lindau, entstammt dem Spätmittelalter und hat viel von ihrem urigen Charakter bewahrt – leider ist sie nur zu Kulturveranstaltungen zugänglich. Gegenüber dem Palas wenden wir uns links (Markierung Blauer Punkt), bis wir auf ein kleines Landsträßchen stoßen. Diesem folgen wir rechts bergan. Der zu überwindende Hügel, ein sogenannter Drumlin, hat ebenfalls hohe historische Bedeutung: Auf ihm befand sich seit dem Jahr 500 v. Chr. die Lenensburg. Oben angekommen sind rechts unter der Erde die Reste eines römischen Gutshofs verborgen. Ein noch bestehendes Gehöft, der Heiligenhof, ist unser nächstes Ziel, nach diesem geht es weiter geradeaus das Sträßchen entlang bis nach Betznau. Hier kommen wir direkt am Bauerncafé Betznau vorbei – ein Geheimtipp für leckere Kuchen!

In der Dorfmitte rechts auf den Sebastianweg und am Ortsausgang geradeaus über die Landstraße in die Obstplantagen. Kurz nach der Brücke über die B 467 links auf den Radweg am östlichen Argenufer – nun geht es argenabwärts wieder einige Kilometer lang bis zum Argensteg. Somit sind wir, nachdem wir die Brücke überquert haben, auf dem kurzen Reststück wieder auf bekannter Strecke ins Ortszentrum von Langenargen gelangt.

Guten Appetit

Wir haben es schon erwähnt, das Bauerncafé in Betznau. Beliebt für seine Atmosphäre, aber vor allem natürlich für seine geliebten und berühmten Kuchen, deren Ruf in der ganzen Umgebung bekannt ist. Darum sitzt man in Betznau auch selten allein.

Linke Seite: Urig – Schloss Gießen

Der neue Argensteg

13

Im Herzen Oberschwabens

Ravensburg – Weingarten – Weissenau

Nachbarlich vereint im Tal der Schussen liegen die alte Reichsstadt Ravensburg und die beiden bedeutenden Barockklöster Weingarten und Weissenau. Eine Rundfahrt durch Oberschwabens Mitte.

Leicht | 13 km | 40 Hm | 1.00 Std.

Highlight Sehenswürdigkeit

Tourencharakter
Nur kleinere Anstiege, das größere Manko ist der innerstädtische Verkehr, auf den es jeweils auf den Straßen und Radwegen nach Weingarten und Weissenau zu achten gilt.

Ausgangs-/Endpunkt
Ravensburg, Bahnhof

GPS
47.784216, 9.606239

Anfahrt
Bahn: Ravensburg liegt an den IRE-Strecken Stuttgart–Friedrichshafen und Basel–Ulm. Die Regionalbahn BOB-Bahn fährt vom Knotenpunkt Aulendorf bis Friedrichshafen-Hafen.
Auto: In Ravensburg treffen sich die B33, die B30 und die B32 in Nord-Süd-Richtung.

Für Radfahrer
Fahrradläden gibt es in Ravensburg und Weingarten.

Anschlusstouren
Tour 9 (Markdorf)

Einkehr
Ravensburg, Weissenau, Weingarten

Karte
LGL F529 Östlicher Bodensee, 1:50000

Information
Ravensburg Tourismus, Kirchstraße 16 (Weingartner Hof), D-88212 Ravensburg, Tel. 0049/(0)751-82800, www.ravensburg.de/rv/tourismus

Nach Norden Am Halt der durch das Lied berühmten »Schwäb'schen Eisenbahne«, dem Ravensburger Hauptbahnhof, starten wir unsere Tour. Diese führt uns zwar zu Beginn in die Altstadt, doch das erfolgt nur aus Bequemlichkeitsgründen, um die viel befahrene Ringstraße um das Zentrum zu vermeiden. Wir fahren folglich die Eisenbahnstraße direkt vor dem Haupteingang hoch, überqueren die Karlstraße und kommen

Das Wahrzeichen der Stadt Ravensburg: der Mehlsack

so in die Altstadt, weiter geradeaus bis zum Marienplatz und hier links durch das Frauentor wieder hinaus. Nun reihen wir uns ein in die Gartenstraße leicht links stadtauswärts. Deren Verlauf folgen wir die nächsten Kilometer, während der wir auch relativ unbemerkt die Stadtgrenze zu Weingarten überqueren. An der Großkreuzung Waldseer-/Abt-Hyller-Straße biegen wir schließlich rechts ab und fahren so direkt auf das erhabene Panorama der über der Stadt thronenden Basilika Weingarten zu – der größten Barockkirche nördlich der Alpen.
Vor dem Klosterhügel dann rechts auf den Münsterplatz und dann links den Berg hoch auf das ehemalige Konventsgelände. Seit 1053 steht hier die einst von den Welfen stark geförderte Benediktinerabtei, eine eigene Reichsherrschaft, die im frühen 18. Jahrhundert daranging, ihr altes Kloster monumental umzubauen. So entstand die von außen etwas behäbig wirkende Kirche unter Franz Beer, innen geschmückt mit Fresken von Cosmas Damian Asam, Stuck aus der Werkstatt von Franz Xaver Schmuzer, einem Chorgestühl von Franz Joseph Feuchtmayer und einer Orgel mit sage und schreibe 6666 Pfeifen geschaffen von Joseph Gabler. Mit anderen Worten: das Beste vom Besten, was zu jener Zeit zu bekommen war. Man war ja nicht nur Reichsabtei, sondern dank einer im Mittelalter erworbenen Heilig-Blut-Reliquie auch ein bedeutender Wallfahrtsort – und ist es noch immer. Der Heilig-Blut-Ritt kurz nach Christi Himmelfahrt ist ein oberschwäbischer Feiertag und eine der größten Reiterprozessionen

Das rotfarbene Ravensburger Rathaus

Der Blarerturm mit dem Waaghaus

Deutschlands. Die Klostergebäude wurden ebenfalls umgestaltet, doch dann geriet man an finanzielle Grenzen – weshalb als hübscher Kontrast der gotische Kreuzgang erhalten blieb. Mönche leben hier seit 2009 nicht mehr, aber das Klostercafé bietet eine sehr schöne Einkehr. Über die religiösen Traditionen Oberschwabens berichtet das Museum für Klosterkultur in der Heinrich-Schatz-Straße unterhalb des Klosterhügels, die Stadtgeschichte wird an angemessenem Ort, dem Schlössle (1550) in der Scherzachstraße, attraktiv aufbereitet.

In die Oberschwabenmetropole

Die »oberschwäbische Hauptstadt« Ravensburg zählt laut Umfragen zu den lebenswer-

Das Karmeliterkloster

Einer der prächtigen Giebel in der Altstadt

testen Städten Baden-Württembergs. Wir können uns nun davon überzeugen, dass dies nicht ungerechtfertigt ist. Dazu fahren wir von Weingarten aus auf gleichem Wege wieder zurück bis zum Frauentor und dort hinein in die Altstadt, um uns dieses Mal der alten Reichsstadt etwas mehr zu widmen.

Gleich links liegt die gotische Liebfrauenkirche, rechts der Grüne Turm – die Stadtbewehrung ist in großen Teilen mit mehreren markanten Türmen noch vorhanden. Der zentrale Marienplatz mit seinen zahlreichen stattlichen Bürgerhäusern aus vielen Jahrhunderten ist das Herz der Stadt, hier finden sich auch der hohe Blaserturm neben dem früheren Waaghaus (heute Sparkasse), rechts das Lederhaus, ein Renaissancebau mit üppiger Bemalung. Zwischen dem Waaghaus und dem rot gestrichenen spätgotischen Rathaus (15. Jh.) schlängeln wir uns durch in die Marktstraße, die auf das Obere Tor zuläuft – hier befinden sich u.a. zwei sehenswerte Museen: das historische Humpis-Quartier und die Präsentation der bekannten Spielefirma Ravensburger. Neben dem am Hang ansteigenden langen Bau des alten Franziskanerinnenklosters (18. Jh.) sehen wir hinauf zum Ravensburger Wahrzeichen: dem 51 Meter hohen Mehlsack, so benannt wegen seiner weißen Farbe, einem Turm der Stadtbefestigung, der die Veitsburg in Schach halten sollte.

Dort oben liegt auch St. Christina, die älteste Pfarrkirche

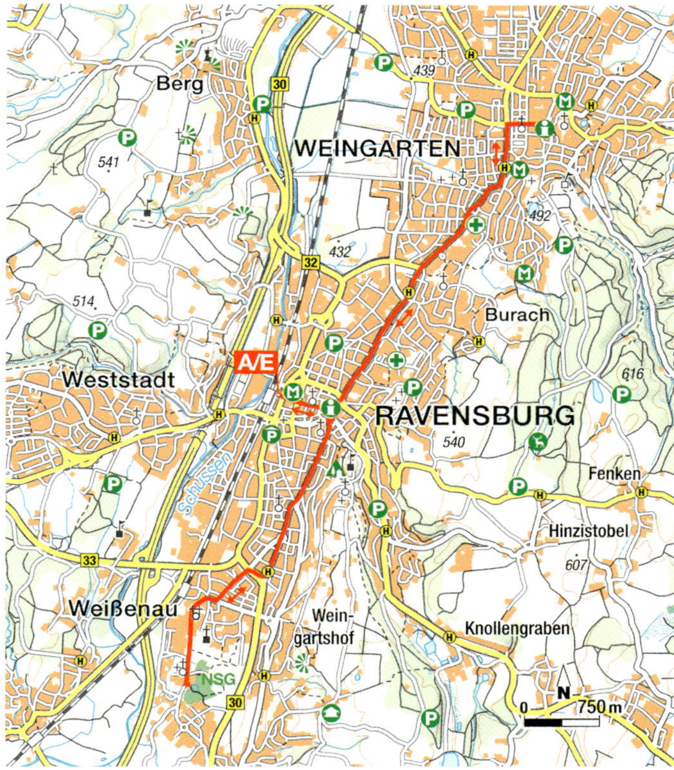

Linke Seite oben: Parkanlagen an der Stadtmauer

Bodensee-Erfahrung: Spaß und Spiel …

… verspricht das Ravensburger Spieleland im südlich gelegenen Örtchen Liebenau. Basierend vor allem auf den verschiedenen Brettspiel-Klassikern, nur in ganz anderen Größendimensionen, werden den Besucherinnen und Besuchern jüngeren Alters hier zahlreiche Attraktionen geboten. Von Spielfeldern in Lebensgröße über Rutschbahnen und allerlei Fahrgeschäfte bis hin zur Zauberschule dürfte für jeden etwas dabei sein. Dafür sollte man dann auch mindestens einen Tag einplanen (www.spieleland.de).

Standesgemäße Einfahrt auf das Klostergelände der Weissenau

Die einstige Reichsabtei Weissenau

Ravensburgs. Neben dem Ravensburger Museum biegen wir rechts in die Burgstraße ein, die uns direkt vor das ehemalige Karmeliterkloster, heute evangelische Pfarrkirche, bringt.

Nach Süden Links vor der gotischen Kirche fahren wir aus der Altstadt hinaus in die Seestraße. Wie auf der anderen Seite nach Weingarten geht es nun auch erst einmal sehr lange immer geradeaus bis nach Weissenau.
Die Seestraße geht in die Hindenburgstraße über und endet schließlich an einer Großkreuzung am Kaufland. Hier kurz rechts und dann gleich an der nächsten Kreuzung links. Die Straße führt direkt auf das Euthanasiedenkmal zu, das an die Tötung von Insassen der in den Klosterbauten untergebrachten Psychiatrischen Klinik unter den Nationalsozialisten erinnert. Von dort rechts zum Busbahnhof und hier links auf das Abteigelände, das durch ein schönes barockes Torhaus (1740) einlädt.
Nach der etwas aufreibenden vorherigen Fahrt an den verkehrsreichen Straßen können wir hier die Stille und Anmut des Klostervorplatzes genießen. Auch die Kirche St. Peter und Paul aus den Jahren 1717 bis 1724 ist ein Meisterwerk des vorarlbergischen Baumeisters Franz Beer, nur der Chor ist gut hundert Jahre älter. Die reiche Ausstattung entstammt fast überwiegend dem 18. Jahrhundert, wie auch die umgebenden Klostergebäude der einstigen Prämonstratenserabtei, ebenfalls bis zur

Säkularisation eine eigenständige Reichsherrschaft. Schon wer auf dem Vorplatz steht, wird von der rechts anschließenden Allee geradezu angelockt.

In absoluter Geradlinigkeit geht sie in die Ferne. An ihrem Anfang und, wie wir später feststellen werden, an ihrem Ende jeweils eine kleine Kapelle, einst Auftakt und Schlusspunkt eines heute verschwundenen Kreuzwegs. Dieser führte vom Herren- zum Frauenkloster, denn schon im 12. Jahrhundert, kurz nach Gründung der Abtei Weissenau 1145, siedelten sich in direkter Nachbarschaft Frauen an, die ebenfalls nach dem Ideal des Prämonstratenserordens leben wollten. Den Männern nebenan war das gar nicht so recht, weshalb das Frauenkloster nach anfänglicher Überbelegung im 14. Jahrhundert stillschweigend aufgegeben wurde.

Geblieben ist die im Kern romanische und barock umgebaute Klosterkirche, heute das Gotteshaus des Friedhofs. Außen schlicht, kann sie im Innern eine schöne Barockausstattung und einige Grabmäler aufweisen, wer genau hinausschaut, erkennt sogar das ein oder andere Detail aus der romanischen Klosterzeit.

Von hier aus geht es schließlich wieder zurück – über die Allee und den gleichen Weg bis Ravensburg. Hier können wir am Marienplatz links hinab uns noch der gotischen St.-Jodok-Kirche (14. Jh.) widmen, überhaupt sollte man vor der Rückkehr zum Bahnhof das Rad einfach irgendwo abstellen und noch ein bisschen durch die Altstadt Ravensburgs bummeln.

Die ehemalige Kirche des Frauenklosters Weissenau dient inzwischen als Friedhofskapelle.

Guten Appetit

Gleich neben der Klosterkirche findet sich in den alten Konventsgebäuden ein sehr schmuckes Café. Ob Pilger, Tourist oder Kunstliebhaber, hier kann sich jede und jeder ausruhen und über die reichhaltige Geschichte Weingartens sinnieren. Für Jakobspilger gibt es den obligatorischen Stempel.

Die Marktstraße unterhalb des Mehlsacks

14 Im Walserland

Friedrichshafen – Eriskirch – Nonnenhorn – Wasserburg – Bregenz

Leicht | 33 km | 50 Hm | 2.30 Std.

Highlight
Sehenswürdigkeit

Tourencharakter
Am Ufer meist flache Strecke fast immer auf Radwegen. In Friedrichshafen und Lindau Stadtverkehr. Grenzübertritt

Ausgangspunkt
Friedrichshafen, Hafenbahnhof

Endpunkt
Bregenz, Hafenbahnhof

GPS
47.651349, 9.482640

Anfahrt
Bahn: In Friedrichshafen halten IRE-Züge und Regionalbahnen zwischen Stuttgart und Lindau, Basel, Singen und Ulm.
Auto: Über die B31 (Singen–Lindau) oder die B30 (Ravensburg–Friedrichshafen)

Für Radfahrer
Fahrradläden gibt es in Kressbronn, Nonnenhorn, Wasserburg, Lindau und Bregenz.

Anschlusstouren
Tour 15 (Lindau), Tour 16 (Bregenz)

Einkehr
Friedrichshafen, Eriskirch, Langenargen, Kressbronn, Nonnenhorn, Wasserburg, Lindau, Bregenz

Karte
LGL F529 Östlicher Bodensee, 1:50000

Information
Lindau Tourismus und Kongress GmbH, Alfred-Nobel-Platz 1, D-88131 Lindau, Tel. 0049/(0)8382-260030, www.lindau.de

Er ist am Bodensee geboren und lebt hier noch immer: der Schriftsteller Martin Walser. Seiner Heimat blieb er auch in seinen Büchern immer eng verbunden.

Nach Eriskirch Tassilo S. Grübel, halbseidener Privatdetektiv aus einer Hörspielserie Martin Walsers, die mit Bruno Ganz in der Hauptrolle auch erfolgreich verfilmt wurde, hatte sein »Büro für Auskunft und Wissen« in Friedrichshafen. Von hier aus ermittelte er in der Region und er ist bei Weitem nicht die einzige Figur in den Texten des großen Schriftstellers, die sich am See herumtreibt. Der eine irrt am Ravensburger Bahnhof herum, der andere wohnt in Schnetzenhausen im Hotel, die eine geht in Lochau essen, die andere in Ragaz ins Bad. Mit Walser, der sein Zuhause inzwischen bei Überlingen hat, kann man somit den See auch literarisch erkunden. Mit dem Rad dagegen starten wir am Friedrichshafener Hafenbahnhof beim

Zeppelinmuseum (siehe Tour 11), fahren über den Busbahnhof hoch zur Eckenerstraße und hier rechts weiter, kurz nach Überquerung der Rotach biegen wir dann rechts auf den Radweg ab, der uns auf den folgenden Kilometern fast schnurgerade an der Bahnstrecke bis Eriskirch bringt. Rechter Hand liegt das Eriskircher Ried (siehe Infokasten), linker Hand das Örtchen, das ebenfalls einen Abstecher lohnt: Von Weitem schon sieht man den neugotischen, nach einem Blitzeinschlag erneuerten Kirchturm des Dorfs. Das Gotteshaus ist eine Überraschung: Wohl schon um 1300 bestand hier eine Marienwallfahrt, die zu den beliebtesten der Region wurde, dementsprechend hervorragend ausgestattet ist die spätgotische Kirche von 1400 mit vielen qualitativ hochwertigen Marienfiguren und insbesondere einer überreichen Bemalung mit Fresken aus verschiedenen Jahrhunderten.

Einst das Ziel zahlreicher Wallfahrer: das Gotteshaus von Eriskirch

Nach Langenargen Zurück auf dem Radweg südlich der Bahnstrecke führt dieser vor der Kläranlage rechts zur Schussenbrücke und nach der Gärtnerei erneut rechts Richtung Ufer. Von hier aus geht es den Beschilderungen »Schloss Montfort« nach durch die Siedlungen (Untere Seestraße) weiter ins eigentliche Ortszentrum. Wir durchfahren den Ort, der in Tour 12 beschrie-

Bodensee-Erfahrung: Eriskircher Ried

Dieses Naturschutzgebiet zieht sich bis zur Schussenmündung kurz vor Langenargen am Ufer entlang, mit 552 Hektar eines der größten Naturschutzgebiete am Bodensee. Hier wird Vielfalt an Fauna und Flora in Fülle geboten, längst sind nicht alle der über 160 Pflanzenarten bekannt, die hier wachsen und blühen, nicht weniger Tiere tummeln sich in den Schilfwiesen, die im Sommer oft durchflutet sind und je nach Jahreszeit Blütenmeeren gleichen. Im Alten Bahnhof Eriskirch informiert das Naturschutzzentrum umfangreich und kostenlos über das Ried (Di–Do 14–17; Fr–So 10–13, 14–17Uhr, im Winter verkürzt).

Das barocke Zentrum von Langenargen

Schmuckstück am Wegesrand: Kapelle Tunau

Die historische Torkel von Nonnenhorn

ben wird, ufernah und biegen am Ende der Oberen Seestraße links ab in den Bleichweg und dann rechts in den Argenweg (dritte Straße). Vor dem Jachthafen geht es links auf den Kiesweg, der uns um das Becken herum ins Wäldchen führt, durch das die Argen fließt. Über die Brücke kommen wir zu zwei Superlativen: Erst fahren wir am größten Sportboothafen des Bodensees entlang, dann biegen wir links Richtung Parkplatz des größten Campingplatzes am See ab. Am kleinen Kreisel (Schnaidter Hof) nehmen wir die Abzweigung halb rechts auf den Radweg nach Kressbronn. Nach den letzten Wohnwagen geht es kurz darauf links durch einen Biergarten in den Weiler Tunau, dort rechts zur hübschen Barockkapelle (1659) und an dieser geradeaus auf den Waldrand und die Obstplantagen zu weiter bis Kressbronn. Dort angekommen, fahren wir am Strandbad und der Bodenseewerft – hier entstehen u. a. die Fähren und Schiffe der Weißen Flotte – vorbei nun schon direkt auf die bayerische Grenze zu, die wir kurz hinter Kressbronn überqueren.

Von Nonnenhorn nach Wasserburg Nonnenhorn, der erste bayerische Ort, ebenfalls als Ferienort sehr gefragt, zieht sich am Ufer entlang, nach Umkurvung der sehenswerten spätgotischen Jakobuskapelle erreichen wir den großen Marktplatz. Bekannt ist Nonnenhorn

auch als Weinanbauort, woran nicht nur die Gasthäuser, sondern auch die historische Torkel (1591) erinnert, an der wir über die Conrad-Forster-Straße vorbeikommen. Auf dieser bleiben wir auch bis zum Ortsausgang, wo sie in die Wasserburger Straße übergeht (stets südlich der Bahnlinie). Vor der eigentlichen Ankunft sollten wir unbedingt von dem kleinen Park am Ufer, nicht umsonst Malerwinkel genannt, einen Blick auf das einmalige Ensemble der Halbinsel vor Alpenkulisse werfen. Ein kleiner Bogen um die Wasserburger Bucht bringt uns zu dieser. Auch wenn der Radweg hier links abbiegt, ist unser Ziel erst einmal das historische Zentrum rechts, wo mit dem Schloss, der Pfarrkirche und dem Malhaus sowie den umliegenden Gebäuden ein einmaliges Ensemble auf uns wartet, das einst auf einer kleinen vorgelagerten Insel lag. Das Schloss der Fugger, das in den Fundamenten auf das 13. Jahrhundert zurückgeht (siehe Ausgrabungen beim Pfarr-

Ganz oben: Wasserburg …

Oben: … und seine (ehemalige) Wasserburg

Am Kaiserstrand mit Bregenz im Hintergrund

heim), fand seine heutige Gestalt um 1537 – zumindest, was nicht im 18. Jahrhundert durch einen Brand vernichtet wurde. Die Kirche St. Georg ist im Kern gotisch (um 1400) mit einigen barocken Überformungen, die auch die Innenausstattung prägen, besonders den imposanten Hochaltar. Auch für unser Thema ist Wasserburg von eminenter Bedeutung: Hier wurde Martin Walser 1927 geboren, Sohn einer Gastwirtsfamilie. Seine Kindheit in Wasserburg erzählte er im Erfolgsroman *Ein springender Brunnen*. Im Malhaus widmet sich das Museum auch dem berühmten Sohn des Orts. Über die Halbinselstraße geht es weiter zum Platz vor dem Rathaus, dort scharf rechts in die Höhenstraße und hier nach der Linkskurve erneut rechts in Richtung Freibad Aquamarin. Die Fahrradstraße bringt uns ins kleine Nachbardörfchen Reutenen mit der winzigen Jakobuskapelle (1643), nach der wir uns rechts halten, um in die lang gezogene Schachener Straße zu kommen, die uns durch Festland-Lindau bringen wird.

Von Lindau nach Bregenz Wir bleiben also einerseits auf der Schachener Straße und ihren Verlängerungen, anderseits auf dem Lindauer Ufer, der Inselstadt widmen wir uns an anderer Stelle (siehe Tour 15). Die Schachener Straße geht geradeaus in die Wackerstraße über, überquert die Bahn, im nächsten Kreisel geradeaus in den Langenweg, an der nächsten Kreuzung rechts ab Richtung Insel, noch einmal über die Gleise und vor der Inselbrücke dann links im Kreisel (zweite Ausfahrt) in die Bregenzer Straße. Südlich der Gleise kommen wir noch an einigen der typischen Lindauer Villen vorbei, bevor es ins eher industrielle Lindau geht, denn dieses war natürlich der wichtigste bayerische Hafen am See. Bei der Einmündung in die Eichwaldstraße wenden wir uns rechts Richtung Eissportarena

Der Hafen von Lochau (links) und seine Pfarrkirche (rechts)

und Strandbad, nun geht es lange geradeaus – wir bleiben dabei weiterhin immer südlich der Gleise. Kurz nach dem Tierheim und der Heimgartensiedlung überqueren wir die Leiblach und somit die deutsch-österreichische Grenze, dann sind wir schon am Lochauer Hafen. Hier fallen die alte Fähre, jetzt Restaurant, und das imposante Seehotel am Kaiserstrand auf – dieser hat seinen Namen vom Besuch des österreichischen Kaiserpaars 1917. Der Blick von hier auf Bregenz, den Pfänder und die Alpenkulisse ist auch wahrhaft kaiserlich. »Hilfe kommt aus Bregenz« hieß eine der Tassilo-Geschichten Walsers – auf uns kommt nun Bregenz zu.

Das kurze Stück zwischen Lochau und Bregenz war aufgrund seiner Enge vor dem Pfändermassiv einst eine Art Sperrgürtel für Vorarlberg und für Reisende aller Art – freundlich und unfreundlich Gesonnene – nur schwer zu überwinden. Den sehr bequemen breiten Radweg und auch die Straße am Ufer gab es bis ins 19. Jahrhundert noch nicht. Während wir also gemütlich direkt am Wasser entlangradeln, sehen wir am Hang nach einiger Zeit rechts oben den noch immer zinnenbewehrten Klausturm, ein befestigtes Torgebäude mit anschließender Mauer: Hier musste vormals hindurch, wer nach Bregenz wollte. Dort sind wir auch bald angekommen, vorbei an der Seebadeanstalt, dem Hafenbahnhof und den Schiffsanlegestellen, nach denen wir links über die Gleise einbiegen. Willkommen in Bregenz. Mehr zur Stadt in Tour 16.

Guten Appetit

Anders als ihre »Schwestern« in Meersburg fährt diese Fähre zwar nicht mehr, sondern liegt fest vertäut am Lochauer Kaiserstrand, dafür ist auf der Alten Fähre mehr Platz für Gäste auf Deck, die hier auf dem Wasser kleinere Gerichte, gekühlte Getränke oder auch ein schönes Glas Wein am ziemlich einzigartigen Ort genießen können.

15 Die Stadt im See

Lindau

Leicht | 9 km | 15 Hm | 1.00 Std.

Highlight Stadtspaziergang

Tourencharakter
Sehr leichte Strecke, ohne jegliche Anstiege, allerdings mit einigem Stadtverkehr. In der Innenstadt lohnt es sich, ab und zu abzusteigen. Auf Einbahnstraßen und Fußgängerzonen achten.

Ausgangs-/Endpunkt
Lindau, Inselbahnhof

GPS
47.544305, 9.681181

Anfahrt
Bahn: Lindau ist als Knotenpunkt und IC-Halt über zahlreiche S- und Regionalbahnen international vernetzt.
Auto: Die A 96 führt von München Ausfahrt Lindau direkt an der Stadt vorbei. Von österreichischer Seite via Bregenz (Maut!) über die A 14.

Für Radfahrer
Fahrradläden in Lindau

Anschlusstouren
Tour 14 (Wasserburg), Tour 16 (Bregenz), Tour 18 (Hard)

Einkehr
Lindau

Karte
LGL F 529 Östlicher Bodensee, 1:50 000

Information
Lindau Tourismus und Kongress GmbH, Alfred-Nobel-Platz 1, D-88131 Lindau, Tel. 0049/(0)83 82-26 00 30, www.lindau.de

Lindau liegt *im* Bodensee, wie ein bekannter Spruch sagt, aber die Stadt besteht aus vielerlei Teilen, insbesondere auch auf dem Festland. Und so lohnt sich eine Runde durch die Stadt- und Kulturgeschichte.

Im Villenvorort Wir starten am Hauptbahnhof auf der Insel, der für eine der glanzvollen Episoden Lindaus steht, zu diesem Zeitpunkt beliebter Ort für die Sommerfrische der Münchner oberen Zehntausend aus Hof- und Geldadel. So baute man einen Bahnhof im zeitgenössischen Jugendstil, der heute größtenteils noch an die Pracht jener Tage erinnert. Denn Anfang des 19. Jahrhunderts ergatterte das neugebildete Königreich Bayern von Napoleons Gnaden seinen eigenen kleinen Anteil vom Bodensee, der von Nonnenhorn im Westen bis knapp hinter Lindau im Osten reichte, durchaus ein Filetstückchen. Dem Münchner Hof gefielen die Erwerbungen am Bodensee

so gut, dass sich erste Mitglieder des Wittelsbachschen Hauses dort 1848 einen Sommersitz einrichteten. Immer mehr Höflinge folgten diesem Beispiel und ließen hier ebenfalls stattliche Behausungen errichten.

Die Silhouette der Inselstadt mit den beiden Kirchtürmen vor dem österreichischen Pfänder

Einen Höhepunkt erreichte dieser Trend um 1900. Besonders beliebt als Sommerresidenz war Bad Schachen, dort dominieren Villen im historistischen und Jugendstil das Ufer. Grund genug, erst einmal dorthin aufzubrechen. Wir fahren hierzu vom Haupteingang des Bahnhofs links, nach dem Busparkplatz erneut links und über die Dammsteggasse auf den Damm, aus der Inselstadt hinaus. Es lohnt sich, einmal kurz zu rasten und einen Blick auf die Stadt zurück sowie die beiden Bodenseepanoramen links und rechts zu werfen.

Am Ende des Damms dann links und weiter am Ufer, kurz durch den Park und dann zur Schachener Straße. Hier links weiter. Kurz nach der St. Leonhardkapelle (14.Jh.) an der Kreuzung links, die nächste Straße rechts (Oeschländerweg) und nun geradeaus in den Lindenhofweg. Hier sind wir im Herzen des mondänen Bad Schachen, links erkennen wir die bekannte Kuranstalt mit dem Turm, bevor wir kurz darauf links abbiegen zur

Guten Appetit

Der Gasthof Ziegler in Oberreitnau ist ein Familienbetrieb mit bereits hundertjähriger Tradition. Schwäbische Küche und Bodenseespezialitäten stehen auf der Speisekarte, auch ein Biergarten ist vorhanden. Wer länger bleiben möchte, kann hier zudem übernachten.

Die katholische Stiftskirche

Die evangelische Pfarrkirche

Der Mangturm

Villa Lindenhof. Das um 1850 errichtete Gebäude ist schon allein sehenswert – es beherbergt heute ein Friedensmuseum (siehe Infokasten) –, besonders gelungen ist aber der Park um die Gebäude herum, der wunderbare Flanierwege am Ufer und eine echte Burgruine – das ehemalige Wasserschloss Degelstein – zu bieten hat. Von dort aus noch ein bisschen weiter westlich, über den Lindenhofweg und dann links die Alwindstraße ist die Villa Alwind zu erreichen, auch sie ein sehr gutes Beispiel der gehobenen Bau- und vor allem Parkkunst der Zeit um 1850 – heute kann man dort gut speisen.

Eine Insel mit zwei Städten Man kann hier über die Schachener Straße Richtung Inselstadt zurück oder – etwas gemütlicher – erst wieder ein Stück auf der uns bekannten Strecke, bis wir auch hier wieder auf die Schachener Straße treffen. Hier dann wieder rechts ab durch den Park, am Ufer und zurück zum Badehäuschen vor den Bahngleisen und rechts auf den Damm. Die Römer siedelten hauptsächlich auf dem Festland (Funde in Aeschach), doch kurz nach 800 wurde auf der Insel ein Damenstift gegründet, um das sich ein Marktort bildete, die Lage war für Handel recht gut. Dies führte dazu, dass es nicht nur ein Festland- und ein Insel-Lindau gab, sondern mit dem Entstehen der Reichsstadt und des Reichsstifts, zwei getrennten Herrschaften, auf der Insel zwei Territorien – nach der Reformation noch dazu ein evangelisches und katholisches. 1806 kamen dann beide mit dem Umland an Bayern.

Auch bei Nebel gut erkennbar: der bayerische Löwe und der Leuchtturm an der Hafeneinfahrt

Wieder auf der Insel zurückgekehrt biegen wir nun von der Dammsteggasse am Diebsturm, Überbleibsel der Stadtbefestigung, links ein zur Peterskirche, dem ältesten Sakralbau der Stadt, außen unauffällig, innen geschmückt mit Fresken von Hans Holbein d. Ä. Geradeaus weiter (In der Grub) kommen wir zur evangelischen Stephanskirche (um 1500, barockisiert) und gleich daneben zum katholischen Damenstift in prächtigem Rokoko (Johann Caspar Bagnato). Wir fahren noch ein paar Meter bis zur Heidenmauer (12. Jh.) und biegen hier scharf rechts an der ehemaligen Kaserne in die Fischergasse ein.

Am Theater – der ehemaligen Franziskanerkirche – vorbei weiter geradeaus in die Ludwigsgasse bis vor die Rückseite des stattlichen Alten Rathauses mit seiner Bemalung. Hier links zum Hafen und damit den berühmtesten Motiven Lindaus: dem mittelalterlichen Mangturm und der Mole mit dem bayerischen Löwen sowie dem Leuchtturm (Letzterer begehbar), die vom richtigen Standpunkt und bei passendem Wetter den wunderschönen Rahmen zu dem dahinter sich abzeichnenden Alpenpanorama abgeben. Von hier aus sind es nur ein paar Meter bis zum Inselbahnhof.

Bodensee-Erfahrung: Das Friedensmuseum

In der Villa Lindenhof sind die FriedensRäume untergebracht, ein Museum der etwas anderen Art. Hier werden Pazifisten und ihr Denken und Handeln vorgestellt, vor allem aber werden die Besucherinnen und Besucher angeregt, sich aktiv Gedanken über Frieden und dessen Verwirklichung – auch im Alltag – zu machen. Hier wird also nicht nur informiert, sondern aufgefordert und in die Tat umgesetzt (www.friedens-raeume.de).

RHEINECK - WALZENHAUSEN

Vorarlberg, St. Gallerland, Appenzell – am östlichen Bodensee

Der Grenzfluss: am Alten Rhein zwischen dem schweizerischen Rheineck und dem österreichischen Gaissau (Tour 18) (o. li.). Das Jonas-Schlößle in Götzis (Tour 17) (o. re.). Bregenzer Festspielbühne im See (Tour 16) (u. re.). Walzenhausener Bergbahn am Abfahrtsbahnhof Rheineck (Tour 19) (u. li.).

16 Unter dem Pfänder

Bregenz

Leicht | 9 km | 25 Hm | 1.00 Std.

Highlight Stadtspaziergang

Tourencharakter
Innerstädtische Tour, daher auf Einbahnstraßen und Fußgängerzonen achten. Am Ufer flach, in der Stadt selbst aber immer wieder kleinere Anstiege

Ausgangs-/Endpunkt
Bregenz, Hafenbahnhof

GPS
47.506399, 9.748785

Anfahrt
Bahn: In Bregenz halten IC-, Regional- und S-Bahn-Züge aus Österreich, der Schweiz und Deutschland.
Auto: Die österreichische Autobahn A 14 (die Verlängerung der A 96 von München über Lindau) führt hier aus dem Pfändertunnel heraus, Ausfahrt Bregenz-Weidach, die Schweizer A 1, Ausfahrt St. Margrethen, ist in der Nähe (beide gebührenpflichtig!).

Für Radfahrer
Fahrradläden in Bregenz

Anschlusstouren
Tour 15 (Lindau), Tour 18 (Hard)

Einkehr
Bregenz

Karte
Kompass 292 Vorarlberg (Karte 1), 1:50 000

Information
Bregenz Tourismus und Stadtmarketing GmbH, Rathausstraße 35a, A-6900 Bregenz, Tel. 0043/(0)55 74-495 90, www.bregenz.travel

Bregenz ist nicht nur die vorarlbergische Landes-, sondern auch so etwas wie die Kulturhauptstadt am Bodensee. Hier verbindet sich uralte Geschichte mit moderner Kunst, stiller Natur und quirligem Innenstadtleben.

Am Kaiserstrand So nennt sich das frei zugängliche Ufer zwischen Lochau (siehe Tour 14) und dem Bregenzer Hafen, charakterisiert durch die »Mili«, die im Wasser stehende ehemalige Militärbadeanstalt. Wir nehmen den nahe gelegenen Hafenbahnhof als Ausgangspunkt für unseren Bregenzbesuch, da uns der Weg über die Gleise gleich neben den Schiffsanlegestellen an der »Molo« schnurstracks ins Zentrum der Stadt bringt.
Die Römer hatten hier eine vorhandene keltische Siedlung übernommen, wofür sie allerdings erst einmal 15 v. Chr. unter dem späteren Kaiser Tiberius eine Seeschlacht – ein eher

seltenes Vorkommnis auf dem Bodensee – schlagen mussten. Sie richteten ein Kastell ein, aus dem sich bald eine Stadt, Brigantium, entwickelte, wo auch die römische Bodenseeflotte ihren Hafen hatte. In der unruhigen Spätantike zogen die Römer hoch in die befestigte Oberstadt, um 610 hielten sich die Heiligen Kolumban und Gallus in der nur noch dünn besiedelten Gegend auf. Bregenz wurde Sitz alemannischer Herzöge, gelangte um 1200 an die mächtigen Grafen von Montfort, die es wieder zur Stadt erhoben, kam im 15. Jahrhundert mit dem Umland an die Habsburger und wurde 1918 schließlich Landeshauptstadt von Vorarlberg, obwohl es mit nicht einmal 30 000 Einwohnern keineswegs die größte Stadt des Bundeslands ist. All diese Entwicklungen haben natürlich ihre Spuren hinterlassen.

Die »Mili«, einst Militärbadeanstalt von Bregenz

Das postmoderne Bregenz: das Vorarlberger Landesmuseum

Das Deuring-Schlößle an einer der Ecken der Oberstadt

Das Kapuzinerkloster

Kunst und Kirchen Uns begrüßt nach Gleis- und Straßenüberquerung der Kornmarkt, einst wichtig für den Getreidehandel und damit den Wohlstand der Stadt, heute beherrscht von den monumentalen modernen Bauten des Vorarlberger Landesmuseums und des Kunsthauses, beide überregional bedeutende Ausstellungsstätten. Die runde Nepomukkapelle (1757) bildet dazu einen hübschen Kontrast.

Über die Rathausstraße kommen wir an eben diesem (17./19. Jh.) und der Seekapelle (17. Jh.) vorbei. Sobald wir tiefer in die hintere Stadt eindringen, zeichnen sich winklige Gassen mit älteren Gebäuden ab und vollends in Antike und Mittelalter fahren wir rechts (vor der Buchhandlung) und wieder rechts via Kirchstraße und dann Thalbachgasse in Richtung Oberstadt.

Unser Weg führt uns erst unterhalb an dieser vorbei, bis wir auf die Amtstorstraße treffen und hier links im Bogen den Hügel hochfahren. Einst spätrömische Siedlung, dann im Mittelalter Zentrum der Montforter Herrschaft mit Burg, ist die autofreie Oberstadt noch heute fast komplett von Mauern umgeben und mit ihren stillen Gassen noch heute eine Stadt in der Stadt. Der Martinsturm, anno 1601 als eine der ersten Barockbauten überhaupt errichtet, besitzt im Innern eine Kapelle mit Fresken des 14. Jahrhunderts und als Bekrönung das wohl größte Zwiebeldach Europas. Das Deuringschlössle an der Ecke der Ummauerung, einst Teil der Bewehrung, wurde im 17. Jahrhundert adliger Ansitz und später beliebtes Maler- und Fotomotiv.

Die Galluskirche mit ihrem markanten Turmgiebel

Wir fahren wieder hinunter bis zur Kreuzung Amtstorstraße, radeln nun geradeaus den Anstieg hoch – rechts das barocke schlichte Kapuzinerkloster – zur Galluskirche mit ihrem markanten Turm, der einst wichtigsten Pfarrkirche von Bregenz mit bedeutender Rokokoausstattung, und hier weiter die

Bodensee-Erfahrung: Gebhardsberg

Wer es sich zutraut, kann an der Siechenkapelle links hoch (Fluherstraße) die gut 200 Höhenmeter Anstieg in Angriff nehmen. Oben angekommen, präsentiert sich die einstige Burg Hohenbregenz, erstmals um 1209 erwähnt, aber wohl älter, seit dem Dreißigjährigen Krieg nur noch als Ruine. Ein Einsiedler nistete sich in den Überresten ein und begründete die spätere Wallfahrt; die Kirche, einst der Palas, wurde 1791 gebaut, im alten Mesnerhaus ist heute ein hochklassiges Restaurant. Der Ausblick ist fulminant: Vor uns im Osten der See, im Süden stürzt der Fels über Hunderte Meter in die Tiefe. Unten rauscht der Pfändertunnel aus dem Berg, aus den Alpen die Bregenzer Ach.

Eingang zur neubarocken Villa Raczynski

Guten Appetit

Auf dem Gebhardsberg kann man in den alten Gebäuden der Ruine dinieren. Die Preisklasse ist etwas gehoben, aber schließlich ist man ja auch hoch oben über der Festspielstadt, mit fantastischem Ausblick auf das Rheintal und den Bodensee.

Schloßbergstraße entlang. Links am Hang sehen wir die neobarocke Villa Raczynski (heute Kloster und Internat), kurz darauf das ehemalige Gallusstift, ehemals Benediktinerkloster, heute die Voralbergische Landesbibliothek. Nach einer Rechtskurve treffen wir auf die Gallusstraße und fahren hier links zum schönen Ensemble um die Siechenkapelle (15./18.Jh.) unterhalb des Gebhardsbergs mit seiner Ruine und Wallfahrtskirche.

Zum Ufer Für uns geht es nun rechts (Josef-Huter-Straße) und anschließend an der Großkreuzung in die viel befahrene Arlbergstraße. Kurz darauf biegen wir wieder rechts ab in die Riedergasse, diese im Bogen unterhalb des beeindruckenden neogotischen Klosterhügels von Sacré-Coeur Riedenburg in die Brielgasse, diese geht über in die Reutegasse – wir bleiben immer geradeaus und kommen so bis zum Kloster Mehrerau. Hier links und dann rechts auf das Abteigelände. Um 1095 gegründet, entwickelte sich der Konvent zum bedeutendsten am östlichen Bodenseeufer. Von der ursprünglichen ersten romanischen Kirche sind

Das Siechenhaus mit Kapelle bildet ein schönes Ensemble.

die Fundamente in den neuromanischen Neubau integriert, den die Zerstörung der späteren Barockkirche durch die bayerische Besatzung 1808 notwendig gemacht hat. Heute präsentiert sich die Kirche des noch immer existierenden Klosters als modern-neuromanische Mischung mit alter Ausstattung. Auf der anderen Seite hinausfahrend kommen wir an das naturgeschützte Ufer, fahren hier rechts am Stadion vorbei zum heute wahrscheinlich berühmtesten Ort von Bregenz, nicht erst seit sogar James Bond das Festspielhaus besucht hat. Anno 1946 wurden die Festspiele begründet, heute sind sie das Ziel von Musikfreunden aus aller Welt. Die Seebühne, die knapp 7000 Besucher fasst, lockt dabei natürlich musikalisch, aber immer auch durch ihre ausgefallenen, avantgardistischen Bühnenbilder. Weiter am Ufer kommt man dann zurück zum Ausgangspunkt Hafenbahnhof.

Das international renommierte Festspielhaus Bregenz

Über Jahrhunderte die mächtigste Abtei am östlichen Bodensee: Mehrerau

17 An Rhein und Ill

Feldkirch – Rankweil – Götzis

Leicht | 26 km | 45 Hm | 1.30 Std.

Highlight Sehenswürdigkeit

Tourencharakter
Überwiegend flache Tour auf meist gut befestigten Radwegen, öfter an Straßen entlang und mit einigen Ortsdurchfahrten

Ausgangs-/Endpunkt
Feldkirch, Dom

GPS
47.238121, 9.598200

Anfahrt
Bahn: Feldkirch liegt an der Bahnstrecke Bregenz–Bludenz (S-Bahn, IR, IC).
Auto: Über die österreichische Autobahn A 14 (Ausfahrt Feldkirch-Frastanz) (gebührenpflichtig)

Für Radfahrer
Fahrradläden gibt es in Feldkirch, Rankweil und Götzis.

Anschlusstouren
Keine

Einkehr
Feldkirch, Rankweil, Götzis

Karte
Kompass 292 Vorarlberg (Karte 1), 1:50 000

Information
Stadtmarketing und Tourismus Feldkirch GmbH, Montfortplatz 1, A-6800 Feldkirch, Tel. 0043/(0)55 22-734 67 www.feldkirch.travel

Das Rheintal zwischen hohen Gebirgszügen im Osten und Westen war schon immer Durchzugs- und Grenzgebiet. Hiervon zeugen römische Überreste, aber vor allem auch viele Burgen.

Feldkirch Von den Städten Vorarlbergs hat, von der Bregenzer Oberstadt abgesehen, nur Feldkirch seinen mittelalterlichen Charme bewahren können. Dies liegt nicht nur an der Schattenburg, der größten erhaltenen Burg des Bundeslands, mit ihren teils bis zu 4 Meter dicken Mauern, die Tal und Stadt beherrscht, sondern auch an der noch teils vorhandenen Stadtmauer und den vielen historischen Bauten der engwinkligen Altstadt. Das Zentrum und die Vorstädte stehen fast komplett unter Denkmalschutz, um den alten Kern finden sich zudem zahlreiche Villen und Zweckbauten der späten K.-u.-k.-Zeit im historistischen oder Jugendstil. Wahrzeichen Feldkirchs ist der

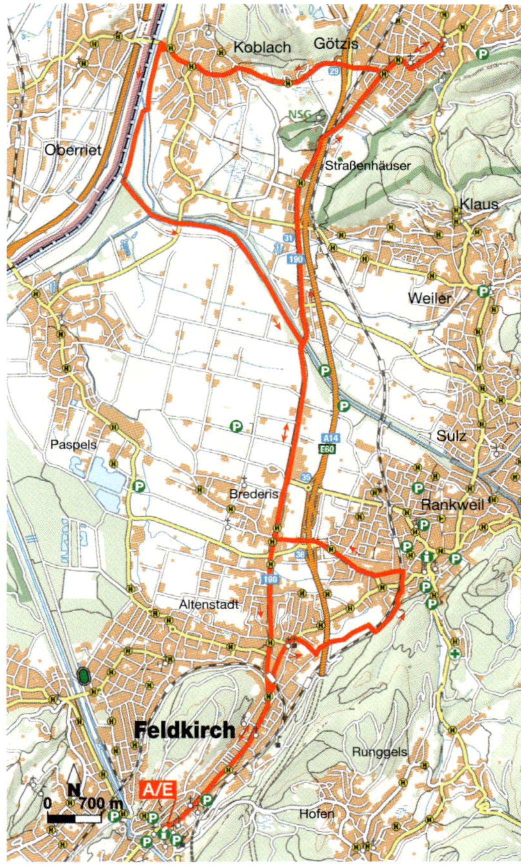

Katzenturm, einst Teil der Befestigungsanlagen, heute berühmt durch seine laut dröhnende Glocke, sie ist die größte Vorarlbergs. In beziehungsweise über dem Ort residierten einst die am See, im Rheintal und Oberschwaben mächtigen Montfort, welche schließlich Feldkirch und Umland 1375 an die Habsburger verkauften, man wurde österreichisch. Dass Feldkirch für das gesamte Tal das geistliche Zentrum darstellt, erkennt man nicht nur an den zahlreichen Kirchen, 1968 wurde die Stadt sogar Bischofssitz. Dementsprechend beginnen wir unsere heutige Tour an der spätgotischen Domkirche St. Nikolaus in der Altstadt, die wir in Richtung Schloßgraben verlassen, um dort links bis zur Großkreuzung zu fahren. Dort ordnen wir uns rechts ein, am Kapuzinerkloster (17. Jh.) auf die sehr lange Gerade stadtauswärts (Reichsstraße), vorbei an der Magdalenenkirche (14. Jh.) und dem ehemaligen Siechenhaus. Schließlich biegen wir leicht rechts von der viel befahrenen Bundesstraße ab nach Altenstadt. Hier lagen, wie der Name verrät, einst die Ursprünge Feldkirchs. Über die Bahngleise am Haltepunkt Altenstadt weiter bis zum Frauenkloster (17. Jh.), gleich nebenan findet sich die Pfarrkirche. Dieses Ensemble umfahren wir nun rechts via Klosterstraße und anschließend gleich wieder rechts die Bissingerstraße hinaus in die Wiesen. An der nächsten Kreuzung links unter der Autobahn hindurch und leicht rechts zum Wald.

Linke Seite: Die Johanniterkirche Feldkirch dient heute kulturellen Zwecken.

Rankweil Über die Bahngleise und nun links an diesen entlang geht es unübersehbar nach Rankweil. Mächtig thront die Wallfahrtskirche mitten im Ort auf einem hochragenden Inselberg. Die Historiker rätseln bis heute über die Anfänge der Festung auf dem Kegel, im frühen Mittelalter ein für die gesamte Region bedeutender Gerichtsort, doch ab 1300

Guten Appetit

Zugegeben, Torten sind auf dem Rad etwas schwierig zu transportieren. Noch schwerer fällt es einem womöglich, die Kunstwerke des nicht zu Unrecht so betitelten Tortenateliers in der Feldkircher Reichsstraße tatsächlich anzuschneiden, aber sie sind naturgemäß nicht nur ein Genuss zum Anschauen, sondern auch zum Essen – und man kann sich ja Nachschub besorgen.

Mächtig thront die Wallfahrtskirche auf ihrem Berg über Rankweil.

stand dort unzweifelhaft die verschachtelte Kirchenburg, die sich zum bedeutendsten Wallfahrtsort in Vorarlberg entwickelte. Ein Besuch ist unbedingt lohnenswert, den Abstecher auf den Kirchenberg mit seinen Gotteshäusern sollte man einplanen, auch wenn unser Weg die Innenstadt nur streift. Wir bleiben an den Gleisen bis zur Unterführung, die uns links auf die andere Seite in die Langgasse bringt.

Direkt vor der Autobahn biegen wir rechts auf den Radweg ein, nach der nächsten Unterführung bis zur nächsten Kreuzung, wo wieder eine lange Gerade auf uns wartet, wenn wir uns rechts auf den Radweg begeben, der uns aus dem alten Römerort Brederis (Freilichtmuseum Römischer Gutshof) hinausführt. Es geht stets geradeaus über die Frutz, durch das Gewerbegebiet von Röthis und Klaus, dort wieder nahe der Autobahn und weiter bis Straßenhäuser, an dessen Ende mit kleinem Anstieg die Brücke hinüber nach Götzis wartet. Links von uns sehen wir die versteckten Ruinen der Neuburg, deren Größe nur erahnt werden kann – es ist die größte Ruine Vorarlbergs, bis ins 18. Jahrhundert eine wichtige Garnison zur Sperrung des Tals. Ihr Gegenstück, Neu-Montfort, sehen wir ebenfalls schon vor den Gebirgshängen über Götzis, in das wir nun hineinfahren.

Nach einer Rechtskurve treffen wir auf den früheren Dorfkern mit der gotischen Alten Kirche (bedeutende Ausstattung und Fresken) und im weiteren Straßenverlauf das moderne Zentrum um die neuromanische Doppelturmkirche und das Jonas-Schlössle (16 Jh.).

Bodensee-Erfahrung: Weltrekorde in Götzis

Laien würden einen Ort wie Götzis vielleicht mit Wintersport in Verbindung bringen, tatsächlich ist er jedoch eingeweihten Sportfans auf der ganzen Welt als Zentrum der Königsdisziplin der Leichtathletik bekannt. Einmal jährlich Ende Mai trifft sich im perfekt hierfür ausgebauten Möslestadion die internationale Weltspitze im Zehnkampf der Männer und Siebenkampf der Frauen zur wichtigsten Sportveranstaltung in Vorarlberg. Dementsprechend wurden hier bereits unzählige persönliche und Landes-, aber auch einige Weltrekorde aufgestellt.

Über Koblach zurück Wir fahren nun ein Stück auf unserer Strecke zurück und an der Kreuzung mit Ampel rechts nach dem Kreisel über die Autobahn (zweite Ausfahrt) nach Koblach mit seiner neobarocken Kirche (1905), deren hohe Turmspitze uns als Orientierung dient. Wir durchqueren den Ort komplett und steuern auf den Rhein sowie die Landesgrenze zur Schweiz zu, biegen aber vor der Brücke links auf den Rheinradweg ab. Diesem folgen wir, halten uns an der nächsten Abzweigung rechts über den kleinen Kanal und fahren bis zur sogenannten Blauen Brücke, wo die Frutz in den Rhein mündet (gegenüber dem schweizerischen Oberriet). Hier biegen wir links auf den Radweg an der Frutz ein, der uns nach einigen Kilometern bis zur Brücke nach Röthis bringt, wo wir rechts auf den uns schon bekannten Radweg wechseln, der uns nun unter Auslassung von Rankweil immer neben dem geraden Straßenverlauf (B 190) folgend über Brederis wieder nach Altenstadt und dort via Reichsstraße zurück nach Feldkirch bringt.

Die alte Kirche von Götzis mit der Ruine Neu-Montfort im Hintergrund

Angenehm begleitet uns die Frutz.

18

Grenzerfahrungen am Rhein

Hard – Rheineck – St. Margrethen

Leicht | 20 km | 10 Hm | 1.30 Std.

Highlight Naturparadies

Tourencharakter
Sehr flache Tour ohne wahrnehmbare Steigung, dafür am Seeufer je nach Saison mit viel Gegenwind. Für Familien geeignet. Grenzübertritt

Ausgangspunkt
Hard, Pfarrkirche

Endpunkt
St. Margrethen, Bahnhof

GPS
47.491617, 9.688329

Anfahrt
Bahn: Hard liegt an der S-Bahn Bregenz–St.Margrethen, Bahnhof Hard-Fussach.
Auto: Die österreichische Autobahn A 14 Ausfahrt Bregenz-Weidach oder Lauterach und die Schweizer A 1, Ausfahrt St. Margrethen, sind in der Nähe (beide gebührenpflichtig!).

Für Radfahrer
Fahrradläden gibt es in Hard, Rheineck und St. Margrethen.

Anschlusstouren
Tour 19 (Arbon)

Einkehr
Hard, St. Margrethen (Höchst), Rheineck

Karte
Kompass 292 Vorarlberg (Karte 1), 1:50 000

Information
Marktgemeinde Hard, Marktstraße 18, A-6971 Hard, Tel. 0043/(0)5574-6970, www.hard.at/de/tourismus-und-hafen

Auf dem Kurs durch das Rheindelta geht es über Grenzen und durch eines der größten Naturschutzgebiete am Bodensee.

Hafenort Hard Der beliebte Ferienort weist eines der größten Hafenareale am See auf, in dem u.a. die »Hohentwiel«, ein historischer Raddampfer, vor Anker liegt. Vor der großen neoromanischen Kirche, unserem Startpunkt, liegt das nicht minder großzügige Parkgelände um die alten Hafenbecken. An diesem fahren wir nun links, stets nah am Ufer entlang, umkurven den Fischteich und nehmen nach diesem die erste Brücke, die uns bis zum nächsten Fluss führt, der Dornbirner Ach. Diese fahren wir links entlang bis zur Rheinbrücke. Am Ortsschild von Hard schwenken wir rechts ein und überqueren auf Brücken erst die Dornbirner Ach, dann den Lustenauer Kanal und anschließend unübersehbar den Rhein, ebenfalls kanalisiert. Am Brückenende geht es sogleich rechts auf den linken Rheindamm – der Radweg bewegt sich auf dessen Scheitel und da er nicht gerade niedrig ist, sollte man gerade bei Gegenverkehr auf die Balance achten. Kurz darauf verlässt der Radweg aber den Damm und führt links hinein nach Fußach. An dessen Rand entlang kommen wir nun endlich ins Naturschutzgebiet Rheindelta. Zwischen dem verlegten Rhein im Kanal und dem mäanderten Altrhein, der Landesgrenze, liegt das riesige Naturschutzgebiet mit insbesondere im Winter »skandinavischem Flair«. Aus dem Gebirge bringt der Fluss jährlich sagenhafte 2,5 Millionen Kubikmeter an Geröll mit, eine Fläche von zwei bis drei Hektar. Die täglich angeschwemmten Gerölle werden an den Dammenden angefügt beziehungsweise im See versenkt – in gut 20 000 Jahren wird der

Am alten Hafen von Hard

Linke Seite: Die großzügige Pfarrkirche von Hard

Bodensee dann verschwunden sein. Neben dem Wollmatinger Ried (Tour 2) und dem Eriskircher Ried (Tour 14) befinden wir uns hier im bedeutendsten und mit 2000 Hektar größten Reservat des Bodensees, wo sich insbesondere zahlreiche Wasservögel tummeln. Eine Besonderheit ist zudem, dass dieses Naturschutzgebiet stets der Veränderung unterliegt. Das Naturschutzzentrum befindet sich im Rheindeltahaus nahe unseres Radwegs, Abzweigung Schwedenschanze, Im Böschen 25 (Öffnungszeiten Di–Fr 14–17, Sa–So 11–17 Uhr).

Durch das Rheindelta Es versteht sich von selbst, dass wir uns in diesem einmaligen Naturraum den Anweisungen gemäß verhalten und die Wege nicht verlassen. Von Fußach aus rollen wir zum Polderdamm, an dem oder auf dem (auf eigene Gefahr – er bietet natürlich den schöneren Blick) wir weiterfahren bis zum Campingplatz an der Rohrspitz – genießen Sie diese Fahrt durch die Schilfwiesen! Kurz nach dem Campingplatz, am Seerestaurant, verlassen wir links das Ufergebiet und fahren nun hinein in die weiten Felder und Wiesen des Schwemmlands, in dem sich einsam vereinzelte Anwesen verlieren. Am Heldern- und Wiesenhof und den Plantagen vorbei kommen wir bis kurz vor Höchst,

Guten Appetit

Das Patagonia-Steakhouse, spezialisiert, wie der Name schon verrät, auf argentinische Küche, liegt am Rand des Rheindeltas, gerade noch auf der österreichischen Seite. Über den Alten Rhein – die Grenze zur Schweiz – ist es sogar vom Bodensee aus per Boot erreichbar.

Ein Idyll: der Alte Rhein

biegen aber an der Kreuzung leicht rechts in die ihr Versprechen haltende Stillestraße ein, am Bauernhof vorbei.

Bei der Kreuzung am Wäldchen bleiben wir geradeaus und wenden uns an der nächsten Teilung rechts hoch (in Richtung der Bauernhöfe), dann links bis zu den ersten Häusern von Gaissau (Restaurant Patagonia). Wir folgen links hinein nach Gaissau dem Altrhein und bleiben stets am Flussufer, bis wir schließlich vor dem Supermarkt rechts abbiegen – über den Rhein und die Grenze nach Rheineck. Schon von Weitem ist der Turm der Ruine über Rheineck erkennbar, der mit der Schweizer Fahne herübergrüßt. Genau genommen waren es zwei Burgen, die seit dem 12. Jahrhundert die Engstelle am Alten Rhein überwachten, durch die noch heute die vielen Verkehrsadern fließen. Darunter schmiegte sich am Hang Rheineck mit seiner spätgotisch-barocken Kirche und dem alten Ortskern, zwei Straßen, die im Bogen um den Bergsporn noch immer von vielen Fachwerkhäusern und dem roten Rathaus (16. Jh.) gesäumt sind. Nach der Brückenüberquerung kommt man rechts zum Bahnhof und in die Altstadt (Unterführung nach gut 150 Metern links).

Bodensee-Erfahrung: Festungsmuseum Heldsberg

Als Grenzhindernis war der Rhein in der Moderne nur noch bedingt tauglich. Deshalb behalfen sich die bedrohten Schweizer mit verborgenen Festungsanlagen, die sie ab 1938 unter anderem im Inneren des Heldsbergs zwischen Au und St. Margrethen gegen eine mögliche Invasion erst Nazideutschlands, später der Sowjets ausbauten. Erst 1993 wurde das Geheimnis gelüftet, heute ist der Heldsberg ein Museum (Öffnungszeiten Apr–Okt Sa 11–17 Uhr).

St. Margrethen Nach der Erkundung der Stadt fahren wir zum Bahnhof zurück, wieder auf die andere Gleisseite und unter der Autobahn hindurch, hier nun am Alten Rhein – der Landesgrenze – entlang.

Im Naturschutzgebiet Eselschwanz biegen wir rechts ab, einmal mehr unter der Autobahn hindurch, dann in Nebengraben links bis zum Autohändler, hier rechts zur Autobahn und weiter auf deren Südseite entlang. Der Rad-

weg unterquert die Bahnstrecke und führt direkt auf die am Hang liegende Alte Kirche von St. Margrethen (im Kern frühes 15. Jh.) zu.

St. Margrethen: im Vordergrund die reformierte Kirche und die neue katholische Kirche (re.), im Hintergrund die österreichischen Voralpen

Via Hauptstrasse und – links abbiegend – die Johannes-Kessler-Strasse kommen wir nahe der reformierten Spätbarockkirche (1804/05) ins Zentrum des Grenzorts St. Margrethen. Schon die Römer hatten hier einst einen bewachten Rheinübergang errichtet. Später sind die verschiedenen Ortsteile zu dem heutigen St. Margrethen zusammengewachsen, das einige ältere Ansitze sowie die Burgruine Grimmenstein und noch eine dritte Kirche – die neugotische katholische Pfarrkirche St. Margaretha (1909/1910) – aufweisen kann. Als Zoll- und Grenzort ist St. Margrethen auch heute noch von Verkehr und Handel geprägt. Die S-Bahn Vorarlberg bringt uns vom Bahnhof nach Hard-Fussach zurück.

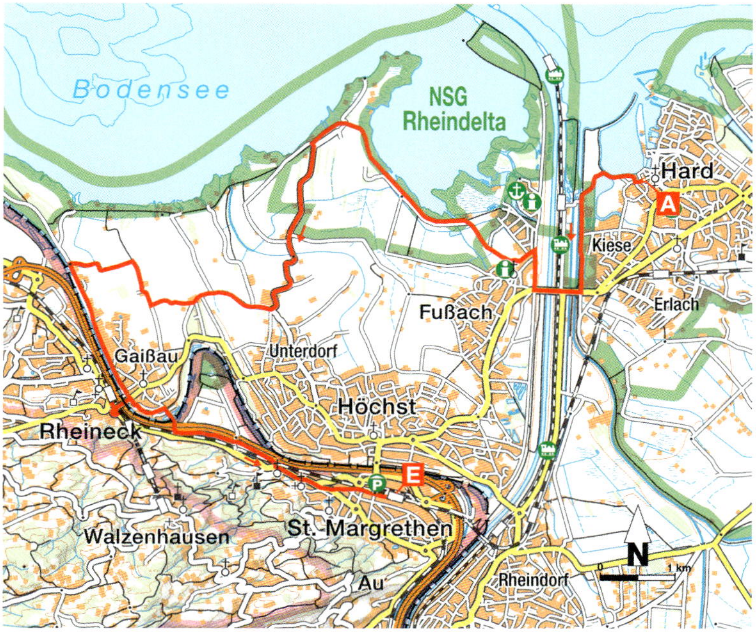

19

Mit dem Fahrrad in die Römerzeit

Rheineck – Rorschach – Arbon

Leicht | 17 km | 35 Hm | 2.00 Std.

Highlight Sehenswürdigkeit

Tourencharakter
Überwiegend flache Strecke mit nur einem nennenswerten Anstieg in Buechen, ab Rorschach am Ufer des Bodensees entlang

Ausgangspunkt
Rheineck, Bahnhof

Endpunkt
Arbon, Altstadt

GPS
47.466937, 9.590838

Anfahrt
Bahn: Rheineck liegt an der Bahnstrecke St. Gallen–Rorschach–St. Margrethen.
Auto: Die Autoroute 7 und die Schweizer Autobahn A1 führen quasi durch den Ort, Ausfahrt Rheineck.

Für Radfahrer
Fahrradläden finden sich an der Strecke in Rorschach und Arbon, dazu in Rheineck und Thal.

Anschlusstouren
Tour 18 (Hard)

Einkehr
Rheineck, Staad, Rorschach, Horn, Steinach, Arbon

Karte
LGL F529 Östlicher Bodensee, 1:50000

Information
Rorschach Tourismus, Hauptstrasse 56 (Hafenbahnhof), CH-9401 Rorschach, Tel. 0041/(0)71-8417034, www.rorschach.ch/tourismus

Zwischen zwei alten römischen Wachtstationen geht es nah am See durch drei bedeutende Städte am Sankt Galler Seeufer.

Startpunkt Rheineck Die Enge zwischen Altem Rhein und den Ausläufern der Alpen machte Rheineck schon immer zu einem Durchgangsort – heute drängen sich neben dem Fluss Bahnstrecke, Autostraßen, Autobahn und unser Radweg an dem Ort vorbei, der den Hang hinaufklettert (Tour 18). Vor allem aber war, wie die Burgruine noch immer belegt, Rheineck auch schon immer Grenzort. Von einer spätrömischen Straßenkarte wissen wir, dass am Alten Rhein irgendwo ein Kastell mit dem sprechenden Namen »Ad Rhenum« lag,

wo genau »am Rhein« jedoch diese Festung stand, ist bislang unbekannt, Rheineck gilt ebenso als möglicher Standort wie St. Margrethen. Nachvollziehbar ist die strategische Ausrichtung als Schutzwacht für den Rheinübergang – eine Tradition, die sich über das Mittelalter bis in die Neuzeit (Festung Heldsberg) erhalten hat. Wir starten am neubarocken Bahnhof Rheineck und nehmen hier die Unterführung unter den Gleisen hindurch, in der wir links hoch abbiegen (nicht weiter unter der Autobahn hindurch!). Neben der Bahnstrecke führt der Weg ins Rheinecker Gewerbegebiet, an dessen Ende wir rechts abbiegen, um gleich über Wiesen ins benachbarte Thaler Ge-

Rheineck im Vordergrund, dahinter jenseits der Gleise bereits Gaissau in Vorarlberg

Linke Seite: Das markante Rathaus von Rheineck

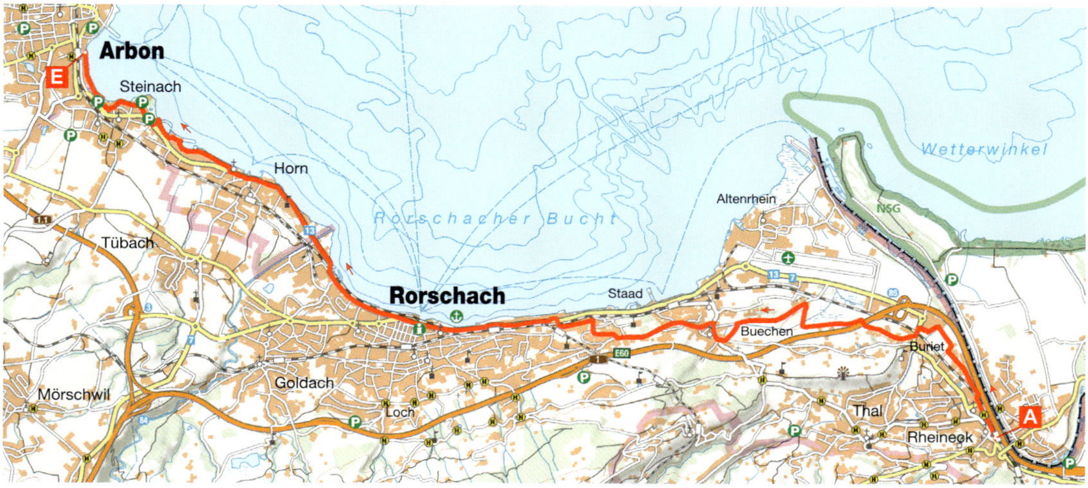

Die Kapelle im Schlosspark Wartegg

werbegebiet überzuwechseln, in das wir rechts über das Bächlein hineinfahren. Wenn wir auf die Querstraße treffen, zweigen wir links ab, über die Gleise und dann vor der Tankstelle rechts in die Hegistrasse. Recht hübsch zwischen vereinzelten Häusern geht es bis zur Autobahn, unter dieser hindurch und anschließend links. Am Ende des geraden Stücks biegen wir erst rechts ab, an den Bauernhöfen links weiter an der Hügelrippe entlang, die hier von Weingärten gesäumt ist.

Von Staad nach Rorschach Auf der Fahrt nach Buechen können wir immer wieder aufsteigende und landende Flugzeuge sehen (und hören), ganz in der Nähe ist der Flughafen St. Gallen-Altenrhein. Kurz vor Buechen biegen wir links ab, umrunden zweimal rechts das Sportgelände und fahren dann über die Thalerstrasse an der spätbarocken Kirche (1790) vorbei links hoch in die Wilenstrasse, den einzig nennenswerten Anstieg der heutigen Tour in Angriff nehmend. Wir verlassen Staad, das auf der anderen Hügelseite am Ufer liegt, und kommen direkt am Schloss Wartegg vorbei, einem im 19. Jahrhundert umgestalteten Bau des 16. Jahrhunderts mit sehr schönem Park. Wenn wir auf der anderen Seite den Hang hochblicken, sehen wir als Pendant Schloss Wartensee mit seinem mittelalterlichen Turm (13. Jh.) um die neueren Gebäude. Kurz nach Schloss Wartegg geht es rechts abwärts (wieder eine Wilenstrasse) und nach dem Fabrikgelände erneut rechts bis zur Brücke über die Gleise, die wir ebenfalls rechts überqueren, um uns nun links parallel zum See auf dem Radweg einzuordnen, der nach Rorschach hineinführt.

Guten Appetit

An der Rorschacher Hafenpromenade hat man die Qual der Wahl: nur ein schneller Snack zum Mitnehmen, gerne auch international, in einer urigen Beiz sitzen, den Kaffee am Ufer genießen oder gediegen speisen wie im Seerestaurant – es ist für alle Gäste etwas dabei.

Hafenstadt Rorschach Mit dem Rorschach-Test hat die Stadt übrigens nichts zu tun, dieser geht auf einen Zürcher Psycho-

Das Kornhaus am Rorschacher Hafen

logen gleichen Namens zurück (der eine Zeit lang in Münsterlingen – siehe Tour 21 – praktizierte). Rorschach, bereits anno 947 mit besonderen Marktprivilegien ausgestattet, war immer eine Handelsstadt. Gerade im 18. Jahrhundert nahm sie u. a. durch die Leinweberei großen Aufschwung, wovon die barocken Wohnhäuser unterhalb des unvollendeten Klosters Mariaberg zeugen, einem Meisterwerk der Spätgotik mit wunderschönem Kreuzgang (15. Jh.), das einst die Abtei St. Gallen ersetzen sollte und nie vollendet wurde – es fehlt die für ein Kloster nicht ganz unwesentliche Kirche. Durch den Park am See führt unser Radweg auf das zweite Rorschacher Wahrzeichen, das von Johann Caspar Bagnato 1746 bis 1748 erbaute Kornhaus, zu; heute beherbergt es ein Museum. Prägend sind neben dem Kornhaus zahlreiche Bauten vermögender Handelsleute, die katholische Barockkirche Sankt Kolumban (18. Jh.) mit entsprechend reicher Ausstattung und die lange Seepromenade mit Strandbad, auf der wir nun unseren Weg fortsetzen, an der hölzernen »Seebadeanstalt« vorbei, die als eine der schönsten am Bodensee gilt (1923/24).

Bodensee-Erfahrung: Bergzugfahrten

Wie in Rheineck nach Walzenhausen mit ihrer Steigung von 25 Prozent, so fährt von Rorschach etwas gemäßigter steil die rote Appenzeller Rorschach-Heiden-Bergbahn (RHB) hinauf nach Heiden. Die kurze Strecke mit der Zahnradbahn ist ein Erlebnis für sich: Vorbei (auf der linken Seite) an den beiden Schlössern Wartegg (430 m, 16. bis 19. Jh.) und Wartensee (561 m, 13. Jh. bis 19. Jh.) werden in knapp 20 Minuten fast genau 400 Höhenmeter überwunden.

Schöner kann man kaum nach Arbon radeln.

Über Horn und Steinach nach Arbon Idyllisch und bequem rollen wir weiter ins benachbarte Horn, eine Thurgauer Exklave, hier begrüßen uns erst links das gelbe, frisch renovierte Schloss mit Dachreiter (16./19. Jh.), dann rechts das stattliche Kurhaus Bad Horn. Wir durchqueren den Ort auf der Durchgangsstraße und biegen dann nach der modernen evangelischen Kirche rechts auf den Radweg ab. Gemütlich am Ufer umfahren wir einige Hafenbecken und sind bald in Steinach, einst der Hafen der St. Galler Äbte, bevor Rorschach diese Funktion übernahm – das urige Gredhaus aus dem 15. und 16. Jahrhundert erinnert an die Handelszeit. Um zu ihm zu kommen, vermeiden wir es, auf die Hauptstraße zu fahren, sondern biegen rechts in die Weidenhofstrasse ab, dann weiter in die Seestrasse. Über den Seeweg und dann rechts die Gallusstrasse sowie kurz darauf wieder die Quaistrasse schlängeln wir uns durch die Steinacher Gassen. Nun geht es erneut am Ufer entlang mit Blick auf die Arboner Landzunge bis in die Altstadt.

Das urige Gredhaus von Steinach

Römerstadt Arbon Mit der Ankunft in Arbon betreten wir einen der geschichtsträchtigsten Böden am See: zum UNESCO-Weltkultur-

Stadt mit Geschichte: Arbon im Thurgau

erbe zählende Pfahlbauten wurden hier ausgegraben, seit den Kelten ist die Besiedelung durchgehend. Die Römer errichteten erst ein kleines Dorf, in der Spätantike auf der Landzunge das Kastell mit dem schönen Namen *Arbor felix* (glücklicher Baum). Als die beiden Wandermönche Kolumban und Gallus hier 610 vorbeikamen, trafen sie auf eine christliche Bevölkerung mit Kirche und Priester; Gallus kam zurück und starb um 640 in Arbon.
Der Ort ging an den Bischof von Konstanz, der bis 1798 hier das Sagen hatte. Im 19. Jahrhundert begann ein großer Aufschwung, Arbon wurde zwischenzeitlich größte Stadt im Thurgau. Heute lockt vor allem die ruhig und schön gelegene Altstadt mit ihren vielen erhaltenen Bauten. Auf dem Gelände des Römerkastells, von dem noch restaurierte Überbleibsel zu sehen sind, stehen das Schloss Arbon (heute Museum) mit seinem Turm aus dem 13. Jahrhundert, ansonsten geprägt von den Umgestaltungen des 16. Jahrhunderts, die katholische Martinskirche mit ihrem einst frei stehenden gotischen Turm und dem barocken Langhaus (Ausstattung überwiegend modern) sowie dem spätgotischen Chor und die romanische Galluskapelle (12. Jh., Fresken 14. Jh.) gleich nebenan.
Ein Bummel durch die Gassen der Stadt und über die lange Seepromenade lohnt sich, westlich der Altstadt finden Jugendstilliebhaber unter den Bauten des Aufschwungs der Jahrhundertwende einige sehr schöne Exemplare.

20

Bistum, Bären, Bratwurst

St. Gallen

Mittel · 7 km · 110 Hm · 1.00 Std.

Highlight Stadtspaziergang

Tourencharakter
Lang gezogener Anstieg zum Kloster Notkersegg, ansonsten viel innerstädtischer Verkehr. Auf Einbahnstraßen und Fußgängerzonen achten

Ausgangs-/Endpunkt
St. Gallen, Bahnhof

GPS
47.422643, 9.368566

Anfahrt
Bahn: St. Gallen ist ein Bahn- und Straßenknotenpunkt der Ostschweiz. In St. Gallen halten IC-, Regional- und S-Bahn-Züge, darunter auch Direktverbindungen nach Österreich und Deutschland.
Auto: Die Schweizer Autobahn A 1 führt hierher, dazu zahlreiche andere Schnellstraßen.

Für Radfahrer
In St. Gallen gibt es zahlreiche Fahrradläden (Veloläden).

Anschlusstouren
Keine

Einkehr
St. Gallen

Karte
Stadtplan St. Gallen; Kompass 112 Appenzeller Land–St. Gallen–Säntis, 1:40 000

Information
St. Gallen-Bodensee Tourismus, Bankgasse 9, CH-9001 St. Gallen, Tel. 0041/(0)71-227 37 37, www.st.gallen-bodensee.ch

Sie fing ganz klein als Einsiedelei an, wurde Fürstabtei sowie reiches Textilzentrum und ist heute UNESCO-Weltkulturerbe: die Kantonshauptstadt St. Gallen.

Die Kantonshauptstadt Im Jahre 612 durchzog der irische Wandermönch Columban die Bodenseeregion mit seinem Begleiter Gallus, um die christliche Missionierung voranzutreiben. In Bregenz erkrankte Gallus und zog sich allein tief in die Wälder hinter Arbon zurück, wo er eine Klause mit einer kleinen Kirche baute – diese wurde archäologisch inzwischen aufgefunden. Gleichgesinnte schlossen sich ihm an und im Jahre 719 übernahm der einheimische Priester Otmar die Leitung und bald darauf die Benediktinerregel: St. Gallen stieg schnell zu einer der bedeutendsten Abteien des Frankenreichs auf und brachte zahlreiche bedeutende Persönlichkeiten hervor. Wie die Reichenau (Tour 2) wurde man zum Zentrum der Gelehrsamkeit und der Kunst. Anders als das Inselkloster konnte St. Gallen seinen Status jedoch über die Jahrhunderte durch alle Krisen hindurch bewahren und wurde zum Zentrum des Fürstenlands und Toggenburgs, dem Kern des heutigen Kantons St. Gallen. Die Stadt ist von ihrer Vergangenheit geprägt, doch keineswegs angestaubt. Die einst von den Mönchen eingeführte Textilindustrie blüht hier, wenn auch nicht mehr ganz so glanzvoll wie früher, noch immer, die Gelehrsamkeit setzt sich in der berühmten Hochschule St. Gallen fort, das Kloster ist heute Bischofssitz und Regierungsgebäude, das einst kleine Klosterdorf des Frühmittelalters die zweitgrößte Stadt nah am Bodensee.

Ein Bogen zum Kloster Notkersegg Kein Wunder also, dass man hier problemlos den ganzen Tag verbringen kann. Bevor wir uns aber der inneren Stadt widmen, wollen wir mit dem Kloster Notkersegg ein erstes Kleinod etwas außerhalb erkunden – und damit gleichzeitig einen Überblick über die Kantonshauptstadt gewinnen. Wir beginnen unsere Tour am prächtigen Bahnhof neben dem unübersehbaren modernen Rathaus. An diesem vorbei fahren wir geradeaus in die Post-

Das Zentrum der Stadt: die Kathedrale von Sankt Gallen

Linke Seite: Der Gallusplatz

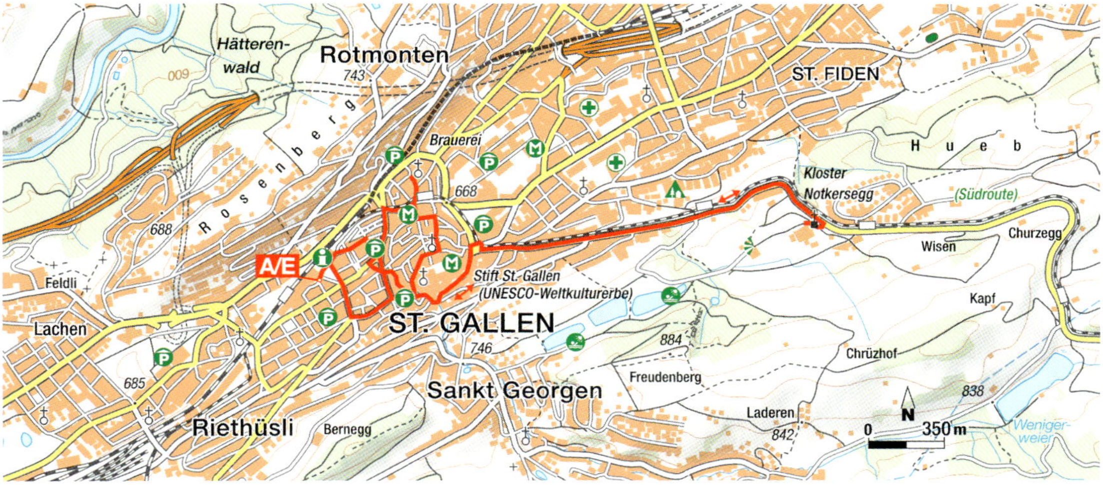

strasse bis zur Kreuzung, hier in spitzem Winkel rechts an der Altstadt entlang. Es geht etwas bergan bis zur Gallusstrasse, diese rechts bis auf den Vorplatz des Klosters. Hier kann man schon mal die Aussicht auf den Stiftsbezirk genießen, bevor es – wir halten uns rechts – via St.-Georgen-Strasse vorbei an der Talstation der Mühleggbahn in die Moosbruggstrasse geht. Im Kreisel am Spisertor gleich die erste rechts (Linsebühlstrasse) und von dieser dann nach wenigen Metern rechts ab in die Speicherstrasse.

Hier beginnt der nicht ganz zu vernachlässigende Anstieg hoch zum Kloster Notkersegg. In der Tradition des Stadtheiligen fanden sich im Spätmittelalter einige Frauen zusammen, um in den Wäldern ein gemeinsames frommes Leben zu führen. Ihre Sammlung überstand die Reformation und schloss sich 1610 den Kapuzinerinnen an. 1663 bis 1669 zogen sie etwas näher an die Stadt in das neu errichtete Kloster Notkersegg um. Ein Brand zerstörte 1718 große Teile der Bauten, doch wurde der Konvent bis 1720 wiederhergestellt – und besteht seitdem bis zum heutigen Tag. Wenn Sie die Kirche betreten, wundern Sie sich womöglich, dass sie Ihnen von außen doch deutlich größer vorkam. Sie haben recht.

Am Hang über der Stadt: Kloster Notkersegg

Wir sehen nur die Laienkirche, doch hinter dem Hochaltar beginnt der Nonnenchor – die strenge Klausur verbietet den Kontakt zur Außenwelt. Doch was wir zu sehen bekommen, hat wenig von klösterlicher Armut, barocke Altäre des 18. Jahrhunderts mit wunderlich blau glänzenden Säulen und auch sonst eine gediegene Ausstattung aus jener Zeit prägen den Innenraum. Das Klostergeviert mit den Wirtschaftsbauten entstammt noch dem 17. bzw. dem 18. Jahrhundert nach der Brandkatastrophe. An der Vorderseite geht der Blick hinab ins Tal der Stadt St. Gallen, weiter nördlich ist der Bodensee bei gutem Wetter erkennbar. Neben dem Kloster befindet sich auch ein Bauernhof, wo man sich mit regionalen Produkten versorgen kann.

Guten Appetit

Am Bauernhof neben dem Kloster Notkersegg gibt es verschiedene Produkte direkt vom Erzeuger zum Mitnehmen – am Automaten auch rund um die Uhr, sieben Tage die Woche. Dabei fehlt natürlich auch die legendäre St. Galler Bratwurst nicht.

Stiftsbauten und die reformierte Hauptkirche St. Laurenzen

Im Stiftsbezirk Auf gleichem, aber abwärts nun wesentlich bequemerem Weg rollen wir zurück in die Stadt bis zum Spisertor-Kreisel. Wir fahren in diesem nun links am Karlstor (16. Jh.), einem der wenigen Reste der einst ältesten Stadtbefestigung der Schweiz, vorbei – immer noch auf uns bereits bekanntem Weg – zurück zum Stiftsgelände, das naturgemäß von der Kathedrale beherrscht wird. Zurück am Gallusplatz, der dank seiner prächtigen Altstadtbauten nicht grundlos zu den schönsten der gesamten Schweiz gezählt wird, stehen wir vor einem ihrer Haupteingänge auf der Rückseite der einstigen Klosterkirche. Vom Kirchlein des Einsiedlers Gallus bis zu diesem monumentalen Klosterbau sind sichtlich einige Jahrhunderte und zahlreiche Um- und Neubauten vergangen. Von den Glanzzeiten des Frühmittelalters sind uns baulich immerhin die Krypten unterhalb der Kirche (9. Jh.) und zahlreiche Bruchstücke geblieben, die heute im Lapidarium zu bewundern sind. Von stattlicher Größe, kaum hinter dem heutigen Gebäude zurückstehend, war das Gotteshaus schon im Mittelalter, bevor es 1755 bis 1766 mitsamt dem Großteil der Klostergebäude komplett ersetzt wurde. Zahlreiche Koryphäen der Architektur – Johann Caspar Bagnato, Peter Thumb und Mitglieder der Familie Beer – sowie der verschiedenen Künste haben mitgewirkt, um dieses prachtvolle Gesamtkunstwerk zu schaffen. Wer eintritt, ist überwältig von der Pracht, obwohl diese durch die Breite des Raums gemildert wird und eher im Detail liegt. Allein, um nur ein Beispiel anzuführen, jeder einzelne Beichtstuhl (es sind sagenhafte sechzehn) aus den Händen des berühmten Josef Anton Feuchtmayer ist ein Rokokotraum.

Damit nicht genug. Die Kirche und das Gebäude wären unzweifelhaft schon des verliehenen Status als UNESCO-Weltkulturerbe würdig, wenig verwunderlich also, dass hier sowohl der

Das Karlstor

Bischof als auch die Kantonsregierung ihren Sitz genommen haben. Doch es kommt noch hinzu, dass St. Gallen viele Kunstschätze literarischer Art glücklicherweise über die Jahrhunderte retten konnte. Und diese hat man nicht einfach in einem Archiv versteckt, sondern sie werden im schönsten Rokokosaal der Schweiz den Besuchern präsentiert. »Heilstätte der Seele« steht

Links: Erker und Enge: Gassen in der Altstadt

Rechts: Das ehemalige Katharinenkloster

über dem Eingangsportal zu der berühmten Stiftsbibliothek, wo knapp 2000 originale Handschriften des Frühmittelalters und zahlreiche spätere Drucke an historischer Stätte aufbewahrt und gezeigt werden; darunter der bekannte Klosterplan St. Gallens von 819, angefertigt übrigens von den Mönchskollegen der Reichenau (Bibliothek täglich geöffnet 10–17 Uhr). Der Eingang ist vom Gallusplatz aus am linksseitigen Klostergebäude.

In der Stadt Der Klosterbezirk ist quasi sein eigener Stadtteil, das Verhältnis zwischen den Mönchen und den Städtern war nicht immer ganz so harmonisch, besonders nach Einführung der Reformation. Symbol hierfür ist die benachbarte reformierte Pfarrkirche St. Laurenzen, erreichbar über die Gallusstrasse rechts am Stiftsbezirk entlang, die im 19. Jahrhundert durch einen neugotischen Umbau stark verändert wurde. Hinter ihrem Chor entlang kommt man über die Kugelgasse vorbei am Waaghaus hinüber in die Katharinengasse, benannt nach dem in der Reformation aufgelösten Frauenkloster, dessen Überreste mit sehenswertem spätgotischem Kreuzgang links zu erkennen sind. Am Ende der Gasse links (Goliathgasse), dann scharf rechts hoch zur alten Kirche St. Mangen, Heimstätte der Inklusin Sankt Wiborada. Von dort kann man geradeaus wieder zentral in die Innenstadt mit der Fußgängerzone zurückrollen (via Marktgasse). Das Rad sollte man vielleicht für einige Zeit abstellen und durch die Gassen und Straßen St. Gallens bummeln, sei es zum Einkaufen, zur Rast in einem der Cafés oder Gasthäuser oder um Erkundigungen nach eigenen Vorlieben vorzunehmen – berühmt ist die Altstadt zum Beispiel für ihre zahlreichen Erker; wer den Kopf nach oben hält, kann davon sehr viele, oft liebevoll restaurierte Exemplare entdecken. Zudem wartet St. Gallen mit zahlreichen Museen auf, von der modernen Kunst über Textil bis zu Historie und Naturkunde.

Die StadtLounge, moderne Ruhezone in der City

Als Abschluss besuchen wir noch das zeitgenössische St. Gallen. Vom Markplatz aus geht es wieder hinaus aus der Altstadt in die Straße Oberer Graben. Hier links hoch bis zur Gartenstrasse, in diese rechts einbiegen. Schon sind wir in der StadtLounge um den Roten Platz – warum dieser so heißt, können Sie hier sehen. Im »Freiluftwohnzimmer der Stadt«, zwischen überwiegend modernen Bauten, kann man auf rotem Belag gehen und sitzen und dabei entspannt die wolkenartige Beleuchtung und manch andere Kunst bewundern. Die benachbarte Schochengasse führt dann wieder direkt zum Bahnhof zurück.

Bodensee-Erfahrung: Die St. Galler Bratwurst

In St. Gallen kann man sich auch einer ganz besonderen Art der Kultur, der Kulinarik, widmen. Weltberühmt und sogar ein eingetragenes Warenzeichen ist die St. Galler Bratwurst, eine stattliche Variante mit sehr feinem Brät, deren Besonderheit – typisch für die Schweiz, möchte man sagen – unter anderem in der Zugabe von Milch liegt. Dazu kommen einige vorgeschriebene, aber auch zusätzliche Gewürze, die den Metzgern aus der Region durchaus kreative Möglichkeiten lassen. Zu bestimmten Anlässen (Olma-Messe, Kinderfest) gibt es Extraspezialitäten, die teils enorme Ausmaße annehmen.

Thurgau und Schaffhausen – im Süden und Westen

Am Ausgang des Sees liegt eine Perle: Stein am Rhein (Tour 23) (o. li.). Das Waaghaus in Gottlieben (Tour 22) (o. re.). Die krumme und sehr alte Thurbrücke von Bischofszell (Tour 24) (u. re). Schloss Salenstein liegt hoch über dem Untersee (Tour 22) (u. li.).

21

Vom Abt zur Äbtissin

Kreuzlingen – Münsterlingen – Landschlacht

Leicht | 13 km | 20 Hm | 1.00 Std.

Highlight Sehenswürdigkeit

Tourencharakter
Sehr flache und gut befestigte Strecke, minimaler Anstieg hoch zum Kloster Münsterlingen. Für Familien geeignet

Ausgangs-/Endpunkt
Kreuzlingen, Kloster

GPS
47.645837,9.178608

Anfahrt
Bahn: In Kreuzlingen halten IC-, Regional- und S-Bahn-Züge.
Auto: Kreuzlingen ist ein Bahn- und Straßenknotenpunkt. Die Schweizer Autobahn A7 von Zürich endet hier, auf deutscher Seite führt die B33 (die Verlängerung der A81 von Stuttgart) über Konstanz nach Kreuzlingen.

Für Radfahrer
Fahrradläden in Kreuzlingen und Bottighofen

Anschlusstouren
Tour 1 (Konstanz), Tour 22 (Gottlieben)

Einkehr
Kreuzlingen, Bottighofen

Karte
LGL F529 Östlicher Bodensee, 1:50000

Information
Kreuzlingen-Tourismus, Hauptstrasse 39, CH-8280 Kreuzlingen, Tel. 0041/(0)71-6723840, www.kreuzlingen-tourismus.ch

In Kreuzlingen und Münsterlingen residierten einst Äbte und Äbtissinnen, am dazwischenliegenden südlichen Seeufer wohnt hier heute viel Prominenz.

Kreuzlingen Startpunkt ist das altehrwürdige Augustinerchorherrenkloster Kreuzlingen mit seiner stattlichen Barockanlage, heute ein Seminar. Einst im 10. Jahrhundert als Spital vor den Stadtmauern der Bischofsstadt Konstanz gegründet und mit einer Kreuzreliquie ausgestattet – daher der Name –, wurde es im 12. Jahrhundert in ein Kloster umgewandelt. Da die schwedischen Angreifer im Dreißigjährigen Krieg dieses als Stützpunkt für ihren gescheiterten Angriff auf Konstanz genutzt hatten, zerstörten die empörten Nachbarn das Kloster restlos. Nur unter der Bedingung, es weiter von den Mauern der Stadt wegzuverlegen, konnte es um 1650 an der heutigen Stelle wiederaufgebaut werden. 1848 wurde es aufgehoben und in einer

großen Brandkatastrophe 1963 ein Raub der Flammen, jedoch detailgetreu rekonstruiert. Niemand wird folglich merken, dass er oder sie sich in einem 60er-Jahre-Bau befindet, wenn er die barocke Klosterkirche betritt. Die prunkvoll ausgestattete Ölbergkapelle an der Seite ist ohnehin noch immer das Original. Von den Klosterbauten aus fahren wir ganz kurz ein Stück die Hauptstraße entlang ortsauswärts, dann links die Wasenstrasse hinunter bis über die Gleise neben dem Seeburgpark, noch etwas weiter an diesem entlang und dann rechts in die Werftstrasse. Hier rechts und gleich wieder links (Bleichestrasse), am Schwimmbad vorbei und so auf den Radweg an der Bahnstrecke bis Bottighofen.

Kloster Kreuzlingen

Über Bottighofen und Scherzingen In Bottighofen führt der Weg hinunter an den Bottighofener Hafen, wo es mehrere Verpflegungsmöglichkeiten gibt, unter anderem das »Schlössli«, außen ein unauffälliger Bau des späten 17. Jahrhunderts, doch nicht nur wegen seiner Lage ein beliebtes Restaurant. Das eigentliche Zentrum des Wohndorfs Bottighofen liegt höher am Hang, wir fahren wieder rechts hoch in Richtung Bahnlinie, überqueren diese allerdings nicht, sondern fahren nördlich an ihr entlang weiter. Der Seeweg und die Hafenfeldstrasse führen an zahlreichen Villen vorbei. In Bottighofen und dem Nachbarort Scherzingen lebt man landschaftlich schön, architektonisch modern und steuerlich privilegiert – manch prominenter Zeitgenosse vor allem aus dem nördlichen Nachbarland macht sich dies zunutze. Nach dem Sport- und dem Parkplatz überqueren wir nun rechts die Gleise hinein nach Scherzingen. Wir fahren

Guten Appetit

Ganz weit draußen, direkt am See liegt das Restaurant Schlössli in Bottighofen. Die wunderschöne Lage ist ein Grund, warum das Gasthaus sich großer Beliebtheit erfreut, sie ist auch wahrlich schwer zu überbieten. Der andere sind natürlich die Angebote auf der Speisekarte.

Die Abtei Münsterlingen ist heute das Kantonsspital.

nicht ganz hoch zur Durchgangsstraße, sondern gleich nach dem Bahnübergang links zum Bahnhof, an diesem und der Wäscherei vorbei bis zum Kreisel und hier hinüber zum Klostergebäude.

Münsterlingen Das alte Kloster Münsterlingen, heute eine große psychiatrische Klinik am Seeufer, wurde womöglich schon im 10. Jahrhundert gegründet. Hier lebten Benediktinerinnen, doch ihr Kloster wurde im Dreißigjährigen Krieg zerstört. Zwar bauten sie es wieder auf, doch das feuchte Klima direkt am Ufer veranlasste die Äbtissin kurz nach 1700, etwas höher am Hang einen Neubau zu errichten. Der berühmte Vorarlberger Baumeister Franz Beer schuf in den ersten beiden Jahrzehnten des 18. Jahrhunderts den gelungenen vierseitigen Barockkomplex, der heute den Kern des Thurgauer Kantonsspitals bildet. Die ehemalige Klosterkirche, bis zum perspektivischen Gitter geöffnet, erfreut durch ihre reichhaltige Rokokoausstattung. In ihr wartet auch seit über 50 Jahren die spätgotische Büste des Hl. Johannes auf den nächsten Aufenthalt in Hagnau am deutschen Nordufer. Bei einer sogenannten Seegfrörne, der Vereisung des Sees, wird sie über das Gewässer getragen, letztmalig geschah dies 1963.

Bodensee-Erfahrung: Seegfrörne

Wer die Klosterkirche Münsterlingen betritt, dem fällt sofort die spätgotische Büste des Hl. Johannes gleich hinter dem Gitter auf. Dieses tragbare Kunstwerk befindet sich erst (wieder) seit 1963 vor Ort, als es während der letzten Seegfrörne von der Hagnauer Kirche über den zugefrorenen See hierher getragen wurde. Diese Prozessionen über das Eis bis ans andere Ufer finden seit 1573 von Münsterlingen aus statt, seitdem hat die Büste 1684, 1695, 1796, 1830 und eben 1963 zwischen den beiden Orten gewechselt und wartet nun seit über 50 Jahren auf den nächsten Aufenthalt in Hagnau.

Landschlacht Zum Abschluss fahren wir über den Parkplatz an den modernen Klinikbauten vorbei und biegen anschließend rechts (am Hubschrauberlandeplatz) ab auf den kleinen Weg, der nach etwa 150 Metern links in die Bachstrasse Richtung Landschlacht führt. Dieses etwas zersiedelte Dorf mit dem kuriosen Namen verbirgt in seinem Inneren auf einer Wiesenlichtung gelegen ein absolutes Kleinod: die St. Leonhardskapelle, eine der ältesten Kirchen des Bodenseeraums. Die vorderen Teile des Langhauses entstammen noch dem 10. Jahrhundert, die Fundamente gar aus der karolingischen Zeit. Der Chor wurde in der Gotik angefügt. Damit nicht genug, ist das Kirchlein innen über und über mit Fresken des Hoch- und Spätmittelalters bemalt. Die Fülle und Qualität der lange Zeit übertünchten Wandmalereien begeistert internationale Kunsthistoriker nicht weniger als den Besucher.

Die Kapelle von Landschlacht

Von Landschlacht aus geht es nun auf gleichem Wege zurück erst nach Münsterlingen, dann via Scherzingen und Bottighofen bis Kreuzlingen. Unser Tipp ist, bis zum Bahnhof Kreuzlingen-Hafen zu fahren, dort die Räder abzustellen und dann den gegenüberliegenden Seeburgpark zu besuchen, das schönste Parkgelände am ganzen Bodensee. Hier findet sich im östlichen Teil umgeben von naturbelassenen Wiesen und Schilffeldern das Seemuseum (Di–So 11–17 Uhr geöffnet, im Winter kürzer). Hinter diesen versteckt sich auch die Seeburg: einst Sommerschlösschen der Kreuzlinger Äbte aus dem 17. Jahrhundert, im 19. Jahrhundert im Geist des Historismus verändert, heute gediegenes Restaurant und Tagungszentrum. Im vorderen Park erwartet uns schließlich Freizeitkultur pur: ein riesiger Spielplatz, Liegewiesen zum Entspannen, ein frei zugänglicher Zoo mit zahlreichen Schweizer Tierarten und eine Aussichtsplattform mit einem wunderbaren Blick auf den See.

Die Seeburg – Namensgeberin des Seeburgparks

22

Am napoleonischen Ufer

Gottlieben – Ermatingen – Schloss Arenenberg

Leicht | 13 km | 60 Hm | 1.00 Std.

Highlight
Sehenswürdigkeit

Tourencharakter
Überwiegend flache Tour in Ufernähe mit kräftigerem Anstieg hoch zum Schloss Arenenberg. Für Familien geeignet

Ausgangs-/Endpunkt
Gottlieben-Tägerwilen, Bahnhof

GPS
47.659576, 9.133042

Anfahrt
Bahn: Der Bahnhof Gottlieben-Tägerwilen ist ein Halt an der S-Bahn-Strecke St. Gallen–Kreuzlingen–Schaffhausen.
Auto: Die Schweizer Autobahn A7 von Zürich endet hier an der Grenze, Ausfahrt Kreuzlingen-Nord, auf deutscher Seite führt sie als B33 nach Konstanz, hier Ausfahrt Paradies.

Für Radfahrer
Die nächsten Fahrradläden sind in Kreuzlingen und Konstanz.

Anschlusstouren
Tour 1 (Konstanz), Tour 21 (Kreuzlingen)

Einkehr
Gottlieben, Ermatingen, Mannenbach-Salenstein

Karte
LGL F511 Westlicher Bodensee, 1:50000

Information
Ermatingen-Tourismus, Bahnhof, CH-8272 Ermatingen, Tel. 0041/(0)71-6641807, www.ermatingen-tourismus.ch

Nach dem Untergang des napoleonischen Reichs siedelte sich zahlreiche Verwandtschaft des französischen Ex-Kaisers am Thurgauer Unterseeufer an. Bis aus einem der Schlösser der nächste französische Kaiser hervorging.

Gottlieben Der Ort mit dem verheißungsvollen Namen Gottlieben, eine der kleinsten Gemeinden der Schweiz mit kaum 350 Einwohnern, hat seinen festen Platz in der Weltgeschichte. Vom Bahnhof Gottlieben-Tägerwilen aus wenden wir uns nördlich in Richtung Seeufer, hierfür fahren wir rechts zum stattlichen Gasthof Ochsen und an diesem links ins Dorf hinein. Geradeaus stoßen wir ins beschauliche, aber einmalig schöne Ensemble zwischen der Burg rechts und einem der schönsten Riegelhäuser der Schweiz links, der Drachenburg (1617), einem vornehmen Gasthaus, zu dem auch das nebenstehende Hotel

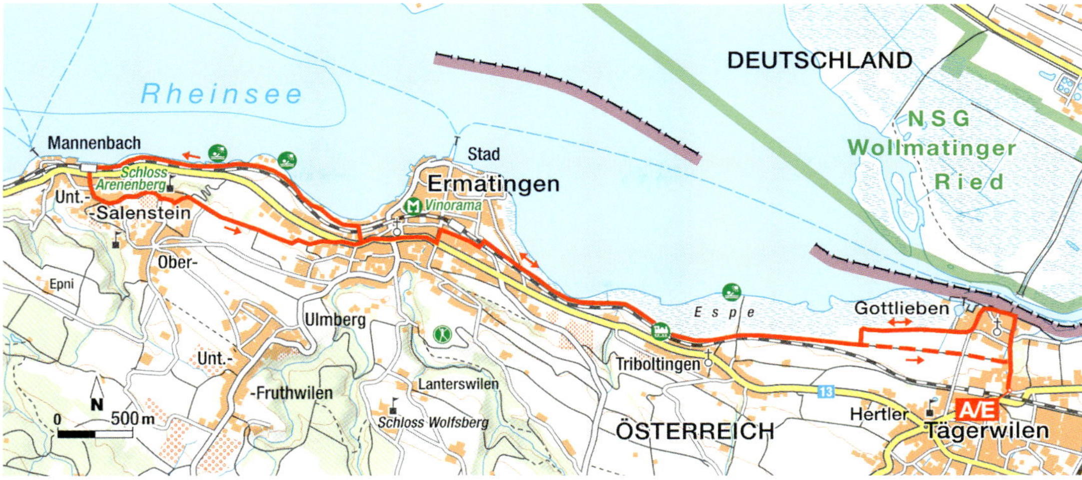

Linke Seite: Die Drachenburg, eines der schönsten Riegelhäuser der Schweiz

Waaghaus, ebenfalls ein beeindruckendes Fachwerkgebäude, gehört. Von welthistorischer Bedeutung jedoch ist die Burg mit ihren beiden mächtigen Türmen, Überbleibseln der staufischen Burganlage aus dem 13. Jahrhundert, die sich die Konstanzer Fürstbischöfe hier errichtet hatten. In dieser Nebenresidenz schmachteten zur Zeit des Konstanzer Konzils (1414 bis 1418) der dort später verbrannte Jan Hus und der abgesetzte Gegenpapst Johannes XXIII. Eine der Hauptpersonen unserer heutigen Tour, ein gewisser Louis Napoleon (1808–1873) erwarb die Burg 1836 und ließ sie im Stil der Zeit neugotisch umbauen. Wir fahren an der Seepromenade mit der Schiffslände und dem Blick auf das Wollmatinger Ried (siehe Tour 2) und Konstanz entlang und überlegen, ob wir noch ein paar Gottlieber Hüppen mitnehmen, international bekannte und als Marke geschützte gefüllte Waffelröllchen.

Blick auf das Wollmatinger Ried

Über Triboltingen nach Ermatingen Von der Seepromenade aus fahren wir über die Espenstrasse, von dort rechts in die Ländlistrasse zurück auf

Links: Die Seelinie der SBB ist ein treuer Begleiter am Ufer.

Rechts: Ein faszinierender Riegelhof neben der …

den Radweg. An schier endlosen Schilffeldern vorbei geht es nun bis Triboltingen.

Der Weg führt an die Bahntrasse, wo uns ein martialischer Bunker erwartet. Er war Teil des im Zweiten Weltkrieg gegen Nazideutschland errichteten und in den 1970er-Jahren, nun wegen der kommunistischen Bedrohung, noch einmal erneuerten und erst 1995 aufgegebenen Kreuzlinger Festungsgürtels. An diesem Bunker geht es rechts entlang der Bahnlinie weiter – wer möchte, sollte allerdings diese kurz queren und Triboltingen mit seinen schönen Fachwerkhäusern im Innern und der romanischen Nikolauskapelle mit ihrem spätgotischen Chor und mittelalterlichen Fresken aufsuchen. Zurück am Bunker – und gleich an einem zweiten vorbei – geht es nun wieder zwischen Bahn und Schilf weiter bis Ermatingen.

Dort haben wir die Wahl: Durch die Bahnlinie getrennt besitzt Ermatingen zwei Ortskerne. Das nördliche Stad an der Schiffslände rechts bietet erneut wunderbare Fachwerkhäuser direkt am See. Wer links abbiegt und die Gleise überquert, kommt am Bahnhof vorbei über die Poststrasse

Guten Appetit

Nicht nur Kultur, sondern auch Kulinarik bietet der Arenenberg. Das Bistro Louis Napoleon gleich neben dem Museumsladen bietet vom Frühstück bis zum Abendproviant Spezialitäten aus eigenem Anbau. Diese können auch für Eiligere unabhängig vom sofortigen Verzehr erworben werden.

... paritätischen Kirche von Ermatingen

Richtung zweites Zentrum um die Paritätische Kirche St. Albin mit ihrer interessanten evangelisch-katholischen Ausstattung. Hier findet sich auch das Hotel Adler, eines der ältesten der Schweiz und oft Unterkunft illustrer Besucher auf Schloss Arenenberg. Natürlich lässt sich, etwa auf Hin- und Rückfahrt, der Besuch beider Teile verbinden. Den Weg zurückzufinden ist ohnehin leicht: Man hält sich ans Ufer. Am Strandbad vorbei geht es nun wieder am See weiter, am nächsten Bahnübergang – hier aufpassen! – wechseln wir auf die andere – südliche – Seite der Gleise, auf den Radweg.

Schloss Arenenberg Dieser bringt uns mit stetem Blick auf die Insel Reichenau nach Mannenbach, das mit dem höher liegenden Salenstein zusammengewachsen ist, einem Ort, der von Burgen und Schlössern geradezu umringt ist. Am auffälligsten thront auf den ersten Blick die gleichnamige Burg Salenstein über dem Ort, ein wohnturmartiger Bau aus dem 16. Jahrhundert, der jedoch leider nicht zugänglich ist.
Doch berühmt ist Mannenbach für Schloss Arenenberg. Hier stand seit dem 16. Jahrhundert ein Ansitz Konstanzer Patrizier mit dem kuriosen Namen Narrenberg, der sich glücklicherweise später zu Arenenberg verschliffen hat. Nachdem Napoleon I. endgültig verbannt worden war, musste seine Verwandtschaft aus Frankreich flüchten. Seine Stieftochter Hortense de Beauharnais, zwischenzeitliche Königin von Holland und unglücklich

Links: Teils wiederhergestellt ist der historische Schlosspark.

Rechts: Das Haupthaus von Schloss Arenenberg

verheiratet mit Napoleons Bruder, kam über die Schweiz nach Konstanz und erwarb 1817 Arenenberg, das sie großzügig umbauen, ausstatten und mit einem »englischen« Garten versehen ließ. Ihr Sohn Louis Napoléon wuchs hier auf, der sich bestens in der Region integrierte, ein beliebter Gesellschafter und sogar Angehöriger der Schweizer Armee wurde. Trotzdem versuchte er mehrfach, in Frankreich die Macht an sich zu reißen, was ihm durch einen Staatsstreich schließlich 1851 gelang: Als Napoleon III. wurde er Kaiser. Seine Mutter war 1837 auf Arenenberg gestorben, das Schloss ging zwischenzeitlich in andere Hände über. 1855 kaufte Kaiserin Eugénie das Schloss für ihren Gatten Napoleon III. zurück. Allerdings kam dieser nur noch ein einziges Mal, 1865, hierher zurück. Nach seinem Tod nutzte es seine Witwe noch öfter als Sommerresidenz und vermachte es schließlich 1906 dem Thurgau aus Dankbarkeit. Heute beherbergt es

Bodensee-Erfahrung: Steckborn

Nicht weit von Arenenberg und gut mit dem Rad zu erreichen ist das sehr schön gelegene Örtchen Steckborn. Die evangelische Kirche innerhalb des schönen Ensembles wurde von Franz Anton Bagnato Ende des 18. Jahrhunderts gebaut, in den engen, mittelalterlich wirkenden Sträßchen finden sich zudem das prächtige Rathaus mit seiner schönen Fachwerkfassade (1667), durch dessen Tor man zur Schiffslände gelangt. Das Steckborner Wahrzeichen ist der Turmhof, ein Wehrbau des 14. Jahrhunderts mit später zugefügtem Türmchendach. Einst Burg des Reichenauer Abts, beherbergt er heute das Steckborner Heimatmuseum (im Sommer Mi, Do und am Wochenende nachmittags geöffnet).

Ein Blick auf die Reichenau mit Sehhilfe für den See

ein sehenswertes Museum im alten Schlossgebäude, das sich der napoleonischen Zeit widmet, dazu gibt es ein Hotel und Restaurant und eine Landwirtschaftsschule. Äußerst sehenswert ist der seit einigen Jahren wieder in Teilen rekonstruierte Park. Hoch zum Schloss, ein recht ordentlicher Anstieg, kommt man vom Bahnhof Mannenbach, gegenüber in die Arenenbergstrasse durch die Weinberge.

Die Rückfahrt Hortenses Anwesenheit lockte die Verwandtschaft in den Thurgau. So gesellte sich ihr Bruder Eugène zu ihr, ihm verdanken wir Schloss Eugensberg im Salensteiner Hinterland, zudem Hortenses Cousine Stéphanie von Baden, die anstelle einer alten Kaplanei neben der mittelalterlichen Wallfahrtskapelle (von Arenenberg aus gut zu sehen), in der seit Kreuzfahrertagen ein Splitter des heiligen Kreuzes aufbewahrt wird, Schloss Louisenberg (so benannt nach einer späteren Bewohnerin) errichten ließ. Dazu kamen französische Besitzer aus dem Umfeld des Kaiserhauses auf den Schlössern Sandegg (heute Ruine), Wolfsberg und auch Salenstein.
Wir können vom Arenenberg auf der anderen Seite direkt nach Ermatingen zurückfahren, an der N 13 rechts, am Vinorama Museum vorbei und hier zur Kirche und auf schon bekanntem Weg weiter. Wer nicht wieder nach Gottlieben hineinmöchte, kann hinter Triboltingen dann direkt geradeaus fahren, bis man schließlich rechts zurück zum Bahnhof kommt.

23 Von Kloster zu Kloster

Schaffhausen – Diessenhofen – Stein am Rhein – Öhningen

Mittel | 47 km | 45 Hm | 3.00 Std.

Highlight Sehenswürdigkeit

Tourencharakter
Leicht welliges Profil mit einigen kürzeren sanften Anstiegen auf insgesamt gut befestigten Wegen, im Naturschutzgebiet Schaarenwald etwas holprig. Grenzübertritt

Ausgangs-/Endpunkt
Schaffhausen, Münsterkirche Allerheiligen

GPS
47.695278, 8.636160

Anfahrt
Bahn: Bahnlinien (S-Bahn, RE, IC) verlaufen sowohl am Nord- (Ulm–Basel) als auch am Südufer (Schaffhausen–St. Gallen). **Auto:** Schaffhausen liegt an der Schweizer Autobahn A4, in Deutschland endet die nahe A81 bei Gottmadingen.

Für Radfahrer
Fahrradläden gibt es in Schaffhausen, Diessenhofen, Stein am Rhein, Wagenhausen und Öhningen.

Anschlusstouren
Tour 5 (Hemmenhofen)

Einkehr
Schaffhausen, Sankt Katharinental, Diessenhofen, Stein am Rhein, Oberstaad, Öhningen

Karte
Kompass 783 Hegau–Westlicher Bodensee, 1:50000

Information
Schaffhausen Tourismus, Herrenacker 15, CH-8201 Schaffhausen, Tel. 0041/(0)52-6324020, www.schaffhauserland.ch

Wie auf einer Perlenkette liegen nicht weniger als sechs Klöster aneinandergereiht am Hochrhein und dem Ende des Bodensees.

Schaffhausen Die einzige Stadt der Schweiz, die komplett nördlich des Rheins liegt, ist sicher eines der beliebtesten Besucherziele der Eidgenossenschaft. Und dies aufgrund eines Missverständnisses, liegt doch der von Amerika bis Japan bekannte Rheinfall eigentlich in der Nachbargemeinde Neuhausen. Doch natürlich hat Schaffhausen ohnehin einiges zu bieten: ein »mittelalterliches« Stadtbild mit Tortürmen und einem Häusergewirr zahlreicher Bauten insbesondere des 16. und 17. Jahrhunderts mit den typischen Erkern, über dem der Munot

thront, eine Rundbastion nach einer Idee von Albrecht Dürer. Dazu kommt unser Ausgangspunkt, die große romanische Münsterkirche des einstigen Klosters Allerheiligen. Das Gotteshaus stammt fast unverändert aus der Zeit um 1100, gut 50 Jahre zuvor hatte ein Nellenburger Adeliger die Stadt aufgewertet und den einst mächtigen Benediktinerkonvent gegründet, der bis zur Reformation bestand. Heute beherbergen die Klostergebäude ein äußerst sehenswertes Museum. Von unserem ersten Kloster geht es hinab über die Moserstrasse zum Freien Platz an der Schiffslände. Hier überqueren wir den Rhein via Brücke hinüber nach Feuerthalen – und sind kurzzeitig in einem nördlichen Zipfel des Kantons Zürich. Der Radweg auf der Straße führt uns durch den Ort weiter ins benachbarte Langwiesen, das wir ebenfalls fast komplett auf der Durchgangsstraße durchqueren, bis wir am Ortsende links von der Straße hinunter zum Rheinufer abbiegen.

So sieht das Paradies aus.

Linke Seite: Der Munot über Schaffhausen

Ankunft im Paradies Falls Sie schon immer einmal wissen wollten, wie es im Paradies aussieht, werden Sie es nun erfahren: Klarissennonnen aus Konstanz (dort gibt es einen gleichna-

Einfahrt nach St. Katharinental

migen Stadtteil, siehe Tour 1) zogen 1257 hierher ans ruhige Rheinufer. Ihr Kloster überstand die Reformation, doch brannte es 1587 fast komplett herunter – die noch heute vorhandenen Bauten wurden danach errichtet. So ist uns eine der seltenen Frauenklosteranlagen der Renaissance erhalten geblieben – die Kirche, der einzig zugängliche Bereich, weist im Innern eine schöne Barockausstattung auf, lässt aber das karge Ordensleben trotzdem nachvollziehen. Der Radweg umrundet das Gelände komplett und führt am schönen Tor der Anlage vorbei hinaus zum Naturschutzgebiet Schaarenwald, wir halten uns erst links, dann geradeaus (nicht links zum Rhein). Nicht nur die Natur lockt hier, sondern auch die Geschichte: Das Ufer des Rheins war stets auch Verteidigungsanlage gegen Eindringlinge aus dem Norden. Die Römer hatten hier Wachttürme und Kastelle errichtet, spätere kriegerische Ereignisse brachten weitere Festungen hervor. So wird unser Radweg – hier übrigens grob gekiest und etwas ruppig – an einer Schanze der napoleonischen Koalitionskriege vorbeiführen. Im Schaarenwald stets den gut sichtbaren Radhinweisschildern folgen, die zuverlässig wieder aus ihm hinausführen.

Kloster St. Katharinental Nach dem Waldende sieht man schon von Weitem die mächtige mittelalterliche Scheuer des Klosters St. Katharinental zwischen den Wiesenhügeln. Auf diese fahren wir geradewegs zu und biegen, obwohl der Radweg oberhalb des Klosters weitergeht, links zu diesem ein, direkt durch das Tor in den Hof der Anlage (heute Kantonsspital). 1242 gegründet, entwickelte sich der Dominikanerinnenkonvent zu einem der wichtigsten Frauenklöster der Region. Wer die Kirche, die als eine der schönsten Barockkirchen der Schweiz gilt – ein Werk von Franz Beer und seinem Sohn Johann

Guten Appetit

In St. Katharinental kann man wunderbar am Ufer sitzen. Das Café des Kantonsspitals liegt direkt an den Wässern des Rheins. Im Rücken die enorme Barockanlage des Klosters, schweift der Blick hier stromaufwärts bis Diessenhofen mit seiner Holzbrücke hinüber nach Gailingen auf der deutschen Seite.

Michael Beer (1732 bis 35) – betritt, wird bei dieser Pracht kaum vermuten, dass viele wertvolle Ausstattungsstücke einst verloren gingen und heute in Museen von Antwerpen bis New York gezeigt werden. Erholung verspricht das sehr hübsche Café direkt am Ufer des Rheins. Wir aber kehren auf unseren Radweg oberhalb der Klosteranlagen zurück und fahren hinein nach Diessenhofen.

Die Holzbrücke von Diessenhofen nach Gailingen (D)

Diessenhofen Zwischen den beiden Touristenmagneten Schaffhausen und Stein führt die kleine Stadt Diessenhofen eher ein Schattendasein – zu Unrecht, denn nicht nur die Lage am Fluss, sondern auch ein komplett erhaltener Stadtkern um die teils romanische Kirche mit vielen Bauten des 16. Jahrhunderts, hervorzuheben der burgartige Unter- und der Oberhof, und umringt noch von großen Teilen der Stadtmauer, steht den beiden Nachbargrößen in nichts nach. Dazu kommt die schöne Holzbrücke (1814 bis 1818) hinüber ins deutsche Gailingen. Mit vielen Cafés und Gasthäusern lädt die Stadt zum Verweilen ein. Ruhe tanken ist ein gutes Motto, denn durch das Obertor geht es nun leider wieder längere Zeit zwar nicht auf, aber doch an der Straße entlang.

Kirche und Unterhof in Diessenhofen

Nahe des Rheins fahren wir stets geradeaus, vorbei am historischen Gasthof Schupfi weiter bis zu einem Parkplatz, wo wir abbiegen und links hinunter in das sehr idyllische Dörfchen Rheinklingen hineinfahren, das mit seinen vielen Fachwerkhäusern sehr beschaulich wirkt. Gegenüber auf dem – hier ebenfalls schweizerischen – Nordufer sehen wir die burgartige Bibermüli (16. Jh.). Nach dem Rathaus biegen wir links ab und fahren nun leicht ansteigend zu einem Bauernhof, dort links

und dann rechts unter der Autobrücke hindurch, dort wiederum rechts.

Wagenhausen und Stein am Rhein Der Radweg biegt letztlich wieder auf die Straße ein, wir folgen ihr links hinein nach Wagenhausen, um dort erneut links am Wegweiser zur Propsteikirche abzubiegen. In Wagenhausen direkt über dem Rhein gelegen wurde im 11. Jahrhundert eine kleine Benediktinerabtei gegründet, die sich aus Armut nie recht entwickeln konnte und später als Propstei der Abtei Allerheiligen in Schaffhausen unterstellt wurde – nicht dem in Sichtweite gelegenen Stein am Rhein. Die finanzielle Knappheit und die Aufhebung durch die Reformation sind, so seltsam dies klingen mag, für uns heutige Besucher ein Glücksfall: So blieb ein fast unverändertes romanisches Gotteshaus von ergreifender Schlichtheit erhalten, nur das nördliche Seitenschiff trug man ab. Auch ein Teil der Klostergebäude mit dem romanischen Kreuzgang blieb bestehen.

Die romanische Klosterkirche Wagenhausen direkt am Ufer

Hier ist man nie allein: in der Altstadt von Stein am Rhein

Das Ensemble mit seiner schönen Lage über dem Wasser ist ein Geheimtipp abseits des wuseligen Stein am Rhein – zu dem wir uns nun aufmachen, indem wir auf die Hauptstrasse zurückkehren, weiter links auf ihr fahren bis zum Espiweg, dem wir ebenfalls links folgen, bis er nach einer Rechtskurve durch die schönen Wagenhauser Fachwerkbauten direkt vor der Rheinbrücke einmündet. Diese bringt uns links hinüber nach Stein, wo mit Sankt Georgen das vorletzte unserer Klöster wartet: fast komplett bewahrt (die Aufhebung in der Reformation sorgte quasi für die Konservierung des Zustands um 1525 kurz nach mehreren Umbauten der Frührenaissance), treffen wir hier auf die besterhaltene spätmittelalterliche Klosteranlage des Bodensees. Ein Besuch des Museums (Sommersaison tagsüber geöffnet außer Montag) empfiehlt sich: Neben der Kargheit einzelner Klosterzellen und dem wunderbaren gotischen Kreuzgang präsentiert sich uns die Pracht der reich bemalten Abtsräume. Über allem thront die von außen spätgotische, im Innern noch romanisch geprägte Klosterkirche (unabhängig vom Museum frei zugänglich) mit ihren Fresken.

Eine deutsche Schleife Von der Klosterkirche fahren wir am Hotel Chlosterhof vorbei leicht rechts in die Oehningerstrasse und biegen von dieser dann rechts ab in den Radweg (Rhigüetliweg), der bald zur deutschen Grenze führt. Geradeaus durch den Weiler Stiegen kommen wir bis zum Strandbad Öhningen, an der dortigen Kreuzung links hoch bis zur Straße, dann links und gleich wieder rechts durch die Sportanlagen ins Klosterdorf. Nach Frühmittelalter, Romanik und Spätgotik erwartet uns nun eine einmalige Mischung aus Spätrenaissance und Frühbarock, wurde das Augustiner-Chorherrenstift aus dem 12. Jahrhundert doch in den ersten Jahren des 17. Jahrhunderts komplett umgebaut.

Die Klosteranlage von St. Georgen in Stein

Der das gesamte Dorf beherrschende einheitliche Block des Klosters ist ein etwas vergessenes Kleinod der an Kulturgütern reichlich beschenkten Region – was jedoch im Umkehrschluss bedeutet, dass man hier recht ungestört die Kunst bewundern kann. Neben der Klosterkirche, heute katholische Pfarrkirche, mit ihrer barocken Ausstattung steht die kleine Totenkapelle, die seit den Pestzeiten des 17. Jahrhunderts noch immer von einer eigenen Totenbruderschaft gepflegt wird. Über die Straße An der Stalden kommt man aus Öhningen wieder hinaus, rechts in die Steiner Straße durch den Zoll und dann ist man wieder auf der uns bereits bekannten Strecke; auf dieser geht es retour nach Schaffhausen. Wer Abwechslung vorzieht, kann von Stein aus über die deutsche Enklave Büsingen am Nordufer des Rheins zurückfahren.

Bodensee-Erfahrung: Noch mehr Klöster …

Wer noch immer nicht genug hat, der kann in unmittelbarer Umgebung gleich drei weitere Klöster aufsuchen. Oberhalb von Öhningen liegt die alte Benediktinerabtei Schienen mit ihrer sehr gut erhaltenen romanischen Klosterkirche (11. Jh.). Von Öhningen aus sieht man am gegenüberliegenden Ufer auch auf die ehemalige Propstei Klingenzell im Thurgau, heute noch immer eine beliebte Wallfahrtskirche (18. Jh.), und die Insel Werd, erreichbar über Eschenz, ein absolutes Kleinod der Stille inmitten des Sees mit altertümlicher romanischer Kapelle, betreut von Franziskanermönchen.

24 An der Thur im Thurgau

Bischofszell – Sulgen – Bürglen – Schönholzerswilen

Mittel | 27 km | 90 Hm | 2.00 Std.

Highlight
Sehenswürdigkeit

Tourencharakter
Immer mal wieder, vor allem nach Verlassen des Thurtals, mittlere Anstiege. Alle Wege sind geteert.

Ausgangs-/Endpunkt
Bischofszell, Stiftskirche Sankt Pelagius

GPS
47.493817, 9.238493

Anfahrt
Bahn: Bischofszell liegt an der Bahnlinie Weinfelden–St. Gallen (S 5) und hat zwei Bahnhöfe: Bischofszell-Nord und den zentraleren Bischofszell-Stadt.
Auto: Die Schweizer Autobahn A 1 führt südlich vorbei (Ausfahrt Gossau oder Uzwil).

Für Radfahrer
Fahrradläden gibt es in Bischofszell und Sulgen (sowie Weinfelden).

Anschlusstouren
Keine

Einkehr
Bischofszell, Muggensturm, Sulgen, Bürglen, Mettlen, (Weinfelden)

Karte
Huber Wanderkarte Thurgau, 1:50 000

Information
Tourismusinformation Bischofszell, Rathaus Marktgasse 11, CH-9220 Bischofszell, Tel. 0041/(0)71-424 24 24, www.bischofszell.ch

Von Bischofszell aus geht es an der Thur entlang durch die alte Kulturlandschaft um den Fluss, geprägt von Schlössern, Burgen, Kirchen und … Brücken.

Bischofszell Um 900 gründete der Konstanzer Bischof hier ein Kloster, mit anderen Worten eine Zelle: Aus ihr entstanden Ort und Name der Stadt mit dem wunderschönen Zentrum auf dem Molassehügel über dem Zusammenfluss von Sitter und Thur, dem stattlichen Fluss, der wiederum dem ganzen Kanton den Namen verlieh. Die gotische, innen teils barockisierte Stiftskirche St. Pelagius mit wertvoller Ausstattung und das benachbarte bischöfliche Schloss (13.–16. Jh.) erinnern an 900 Jahre Herrschaft des Bischofs, der freskengezierte Bogenturm trennt Vor- und Altstadt, wobei Letztere nach einem Stadtbrand 1743 größtenteils unter Leitung der Baumeisterfamilie Grubenmann neu errichtet werden musste. Daraus ergab sich

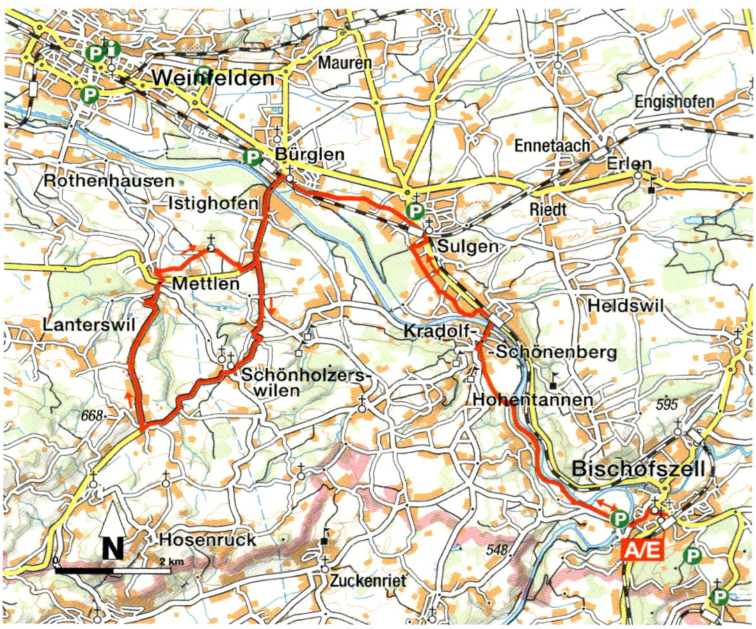

eines der schönsten Stadtbilder der Nordschweiz, mit dem prächtigen Rathaus des Johann Caspar Bagnato als Krönung zwischen den Bürger- und Chorherrenhäusern. Von unserem Startpunkt, der Stiftskirche, aus umkurven wir das Schlossareal in die hinabführende Thurbruggstrasse hinunter zu einem weiteren Highlight – neben uns liegt zudem die Fabrik mit der historischen Papiermaschine –, der ersten Steinbrücke über die Thur, erbaut 1487. Sie ist unser Weg über den Fluss und Sie werden leicht feststellen, warum sie »Krumme Brücke« genannt wird. Geradeaus geht es weiter bis zum Landgasthof Muggensturm, einem stattlichen Riegelbau.

Blick zurück auf Bischofszell von der Thurbrücke aus

Das Schloss Bischofszell

Über Halden nach Sulgen Hinter dem Fachwerkhaus biegt rechts das Sträßchen nach Halden ab, das für Autos gesperrt ist. Im Wäldchen nach dem Anstieg sehen Sie den Grund: Die Thur hat die Hälfte der Fahrbahn hinab ins Tal stürzen lassen. Mit dem Rad kommen wir aber durch und weiter ins Dörfchen Halden, das wir geradewegs bis zum nächsten Wäldchen durchfahren, woraufhin wir weiter auf der Straße bleiben, bis wir unterhalb des schlossartigen Restaurants nach Schönenberg hineinfahren. Wer sich hier umblickt, sieht rechts am Berg die Ruine Last und links auf der anderen Seite hoch über dem Ufer Schloss Oetlishausen. An der Kreuzung im Ort wenden wir uns rechts und kommen über die moderne Thurbrücke hinüber nach Kradolf, wo wir kurz links auf der Straße weiterfahren, nur um nach wenigen Metern nach dem Schulgebäude links in die Austrasse einzubiegen. Wieder an der Thur biegen wir in die Siedlung rechts ab und durchfahren diese via Langacker- und Thurstrasse, an deren Ende geht es über die Querstraße hinweg

Guten Appetit

Zugegeben, der Name Muggensturm klingt etwas seltsam – aber dafür ist er leicht zu merken. Vergessen aber werden Sie ihn nach einem Besuch im gleichnamigen Landrestaurant ohnehin nicht mehr. Und das liegt nicht nur an dem an sich schon wunderschönen Riegelhaus, in dem er beheimatet ist, sondern natürlich auch an den servierten Gerichten.

Über dem Ort: die Pfarrkirche von Sulgen

links in den Radweg, weiter an den Schulen vorbei stets geradeaus ins benachbarte Sulgen. Nach der Mosterei biegen wir rechts über die Bahnlinie ab und hier nach wenigen Metern links in die Bädlistrasse neben dem riesigen Fabrikgebäude. Sulgens alter Ortskern gegenüber wird durch die Kirche auf dem Hügel, auch sie das Werk von Hans Ulrich Grubenmann, markiert, der Ort selbst hat durch Industrie und Verkehr großes Wachstum hinter sich.

Dörfer im Thurgau: Brüder und Römer Die ruhige Bädlistrasse führt uns schließlich nahe der Bahnlinie, die zu unserer Linken bleibt, ins benachbarte Bürglen, direkt unterhalb des Schlosses, einem mittelalterlichen Bau – der Bergfried ist noch integriert –, der einige Veränderungen im 17. Jahrhundert erfahren hat und heute als Schule dient. Die benachbarte reformierte Kirche ging wohl aus der Schlosskapelle vor.

Bürglen, das zwar nie historische Stadtrechte erlangte, wurde im Mittelalter jedoch als Kleinstadt angelegt, die Ummauerung ist nur noch in spärlichen Resten erahnbar. Am Gemeindeamt biegen wir scharf links ab und fahren über die einst schwer umstrittene Thurbrücke nach Istighofen. Wir bleiben geradeaus, durchqueren den Weiler Moos, nach diesem noch immer geradeaus weiter, nun ansteigend hoch bis Schönholzerswilen. Der kleine Ort kann nicht nur einige sehr schöne Riegelhäuser – besonders auffällig das evangelische Pfarrhaus –, sondern auch gleich zwei Kirchen aufweisen. Die reformierte Kirche

Bodensee-Erfahrung: Weinfelden

Nach der Thurbrücke kann man in Bürglen links bequem nach Weinfelden weiterfahren. Die junge Stadt (seit 2008) mit altem Ortszentrum um das Rathaus und zahlreiche alte Fachwerkhäuser (viele davon sind heute beliebte Gaststätten – Weinfelden hat seinen Namen nicht umsonst) waren für die Historie des Kantons eminent wichtig: 1798 wurde hier die Unabhängigkeit des Thurgaus erklärt, 1830 eine liberale Verfassung verkündet. Auffallend sind zudem die evangelische Kirche, ein burgartiger Zentralbau des Jugendstils, und das katholische Gegenstück in reinstem Neubarock, beide vom Beginn des 20. Jahrhunderts. Eine echte Burg besitzt der Ort auch, hoch über den Weinbergen thront Schloss Weinfelden, das spätmittelalterliche Ensemble erfuhr im 19. Jahrhundert einige Veränderungen, nachdem es zur Ruine verfallen war. Zu allem ist Weinfelden ein sehr beliebter Einkaufsort zum Bummeln.

(18. Jh.) ist wohl – einmal mehr – ein Werk aus der Grubenmann-Familie, die etwas versteckter im Ortskern liegende kleine katholische Kirche lässt dagegen ein sehr hohes Alter erkennen.
Am westlichen Ortsende fahren wir den Berg hoch (Hagenwilerstrasse), um uns kurz nach der Höhe einer Besonderheit der Region zu widmen: der Bruderlochhöhle. Diese liegt rechts und ist nur über einen engen Pfad erreichbar. Die Räder sollte man am Grillplatz stehen lassen. Die geheimnisvolle Vertiefung im Fels, von Menschen geschaffen und mit mehreren Kammern ausgestattet – eine Verwandtschaft zu den Heidenhöhlen bei Überlingen (siehe Tour 6) ist durchaus gegeben –, diente unbekannten Zwecken.
Wieder zurück auf der Strecke geht es kurz hinab, dann wieder hoch bis Hagenwil. Hier an der Kreuzung rechts, weiter bis Hagenbuch, hier dann links ab von der Durchgangsstraße nach Toos. Nach dem Tobel rechts abwärts, dann im Ort wieder rechts. Bergab fahren wir unterhalb einer frühzeitlichen Festungsanlage entlang, die gut erkennbar oberhalb des Einzels Waldi liegt. Von der Bronzezeit bis in die römische Spätantike war das markante Plateau besiedelt – ein Abstecher nach oben lohnt sich. Unser Weg führt unter dem Vorsprung entlang und bringt uns bald hinein nach Mettlen. Wir fahren rechts auf die Straße ortseinwärts, kurz *nach* (!) der großen Kreuzung dann links in die Siedlung hoch zur Schule und nach der Kurve rechts in die Sonnenbühlstrasse. Es geht wieder etwas hügelaufwärts, als dessen Bekrönung der Weiler Wertbühl mit seiner barocken Wallfahrtskirche und schönem Ausblick ins Thurtal liegt. Von dort geht es bergab nach Moos, hier links – und schon sind wir wieder auf bekannter Strecke, die uns nach Bischofszell zurückbringt. Oder: siehe Tipp.

Schloss Bürglen

Das geheimnisvolle Bruderloch

Auf dem Hügel: die Wallfahrtskirche Wertbühl

25 Rund um die Kantonshauptstadt

Pfyn – Islikon – Ellikon – Frauenfeld

Leicht | 35 km | 10 Hm | 2.30 Std.

Highlight Sehenswürdigkeit

Tourencharakter
Sehr flache Strecke mit vielen Geraden, ausschließlich auf geteerten Wegen. In Frauenfeld Stadtverkehr. Für Familien geeignet

Ausgangs-/Endpunkt
Pfyn, Städtli

GPS
47.594289, 8.960392

Anfahrt
Bahn: Bahnhofstation für Pfyn ist Felben-Wellhausen an der Strecke Winterthur–Weinfelden (S-Bahn). In Frauenfeld halten sowohl Regional- als auch IC-Züge, etwa der IC Konstanz–Zürich–Luzern.
Auto: Über die Schweizer Autobahn A7 Ausfahrt Frauenfeld-Ost oder Ausfahrt Grüneck

Für Radfahrer
Fahrradläden finden sich in Pfyn, Frauenfeld und Islikon.

Anschlusstouren
Keine

Einkehr
Frauenfeld, Pfyn, Islikon, Ellikon

Karte
Huber Thurgauer Wanderkarte, 1:50000

Information
Regio Frauenfeld Tourismus, Bahnhofplatz 25 (Schalterhalle SBB), CH-8500 Frauenfeld, Tel. 0041/(0)52-7213128, www.regiofrauenfeld-tourismus.ch

Wir starten an einem historisch eminent wichtigen Ort, radeln durch die Industriegeschichte des Thurgaus und kommen schließlich in Frauenfeld an, dem Sitz der Kantonsregierung.

Pfyn Er liegt etwas abseits und gehört nicht zu den in jedem Reiseprospekt zu findenden Highlights der Region, der kleine Ort Pfyn. Dabei ist er einer der bedeutendsten für die Geschichte des Bodenseeraums und – buchstäblich – eine Fundgrube für jeden Historiker und Archäologen. Unser Startpunkt, der auf einer kleinen Erhebung gelegene uralte Teil Pfyns, das sogenannte Städtli, ist vom Hauch der Geschichte umweht. Doch liegen die Anfänge der Siedlung etwas östlicher in der Gemarkung Breitenloo noch viel tiefer in der Vergangenheit: Die Funde in der dortigen Niederlassung jungsteinzeitlicher Bewohner waren so beeindruckend, dass nach ihnen eine ganze Epoche, die Pfyner Kultur (3900–3500 v. Chr.), benannt wurde, deren Spu-

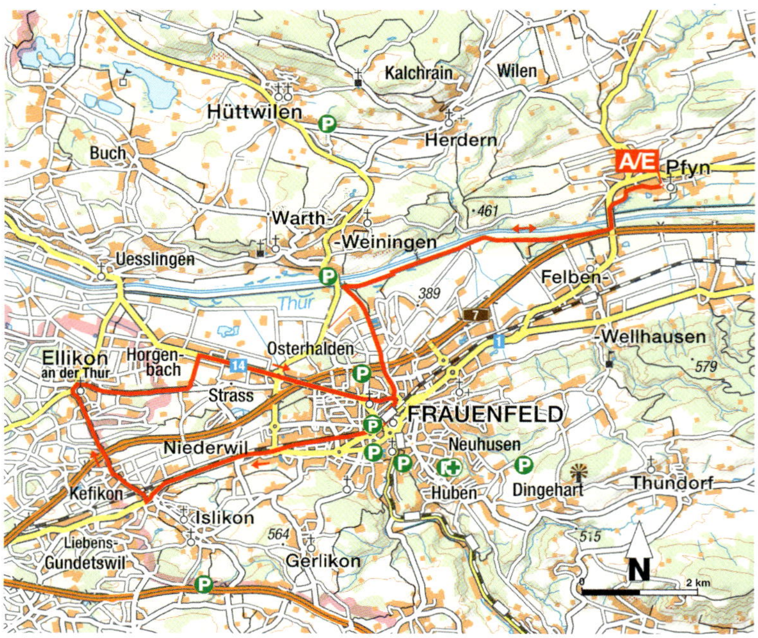

ren allerorten um den Bodensee zu entdecken sind (Tour 7). Wir jedoch befinden uns auf römischem Boden, das Städtli geht auf eine spätantike Festung (Ende des 3. Jh.) zurück, deren nördliche Mauern noch deutlich zu erkennen sind, sie prägt noch heute den Umriss der Bebauung. Die urige sogenannte Trotte (wahrscheinlich die Zehntscheuer) und das danebenstehende

Oben: Auf einem sanften Hügel erhebt sich das Städtli von Pfyn ...

Mitte: ... mit dem Schloss ...

Unten: ... und der Trotte.

Schloss, einst um 1535 von Jakob Mötteli vom Rappenstein bewohnt, dem »Tyrannen von Pfyn«, der seine Untertanen knechtete und gerne Streit suchte, sodass er laut Sage noch immer im Keller seines Ansitzes umgehen muss, sind gekonnt mit moderner Architektur zu mit Leben erfüllten Bauten umgestaltet worden: Hier sind die Pfyner Gemeindehalle, der Kindergarten und die Schule sowie ein kleines Museum (Fr 15–19 Uhr und nach Anmeldung) untergebracht. Die beiden Konfessionen dienende Pfarrkirche St. Bartholomäus bildet den Abschluss des einzigartigen Ensembles, ihre Vorgängerin entstammte dem 6. Jahrhundert, der heutige Bau ist ebenfalls von hohem Alter und im Inneren von schlichter Schönheit. 1476 führte ein Brand im Städtli dazu, dass sich die meisten Pfyner nebenan am Bach ansiedelten. Hier gibt es kleinere Läden und mehrere Einkehrmöglichkeiten.

Über Frauenfeld nach Islikon Unsere Fahrt jedoch führt uns aus dem Städtli hinaus in Richtung Thur via Kastell- und Badistrasse, an deren Ende links über die Brücke und vor der Autobahn

rechts – von nun an geht es lange geradeaus am Thurkanal entlang. Wir kommen auf der Nordseite des Militärgeländes vorbei und kurz vor der nächsten größeren Straße (nach Warth) links ab zur Kaserne, mit der Militärstrasse geht es über die Autobahn, geradeaus weiter (Thurstrasse) zum Kreisel, hier leicht links (zweite Ausfahrt) bis zum nächsten Kreisel, geradeaus über die Gleise und dann gleich rechts auf den Radweg an der Bahnstrecke entlang. Noch ist nicht Frauenfeld unser Ziel, sondern Islikon, weshalb wir die Kantonshauptstadt wieder

Links: Schloss Kefikon

Rechts: Ein Riegelhaus in Kefikon

verlassen. Wieder fällt die Orientierung leicht: Immer nah an den Schienen geht es nun geradeaus weiter bis ins erwähnte Islikon. Hier angekommen, bleiben wir auf der Hauptstrasse durchs Dorf, bis wir an dessen anderem Ende auf schlossartige Bauten stoßen, den Greuterhof. Allerdings handelt es sich keineswegs um einen feudalen Ansitz, sondern um eine der ersten Fabrikbauten der gesamten Schweiz. Ende des 18. Jahrhunderts in repräsentativem Spätbarock hatte der Unternehmer Bernhard Greuter hier seine Textilfabrik

Guten Appetit

Der Greuterhof in Islikon ist nicht nur ein faszinierendes Monument der Schweizer Industriegeschichte, sondern bietet auch Unterbringungsmöglichkeiten. Dazu gehört auch die Schmitte-Bar mit Mittags- und Abendkarte. Und naturgemäß mit viel Ambiente an historischer Stätte.

errichten lassen, die er unter fortschrittlichen Gesichtspunkten führte. In den letzten Jahren hervorragend renoviert, wurden die Gebäude verschiedenen neuen Nutzungen zugeführt. Wir umfahren das gesamte Ensemble, indem wir rechts nach Kefikon abbiegen.

Kefikon und Ellikon Wir kommen über die Gleise und dann auch schon in Kefikon an. Auch hier begegnen uns rechts gleich einige weitere altertümliche Industriebauten, die vom frühen

Unten: Die reformierte Kirche von Zollikon außen ...

Ganz unten: ... und innen

Aufschwung dieser Gegend des Thurgaus Zeugnis ablegen. Daneben gibt es im Ortskern einige schöne Riegelhäuser – und das Schloss, dessen Anfänge auf das 13. Jahrhundert zurückgehen, das jedoch viele Umbauten erfuhr: Heute beherbergt es eine Privatschule. Über Jahrhunderte konnte es eine Kuriosität aufweisen: Die Kantonsgrenze zwischen Zürich und dem Thurgau verlief mitten durch die Schlossgebäude – dies wurde schließlich dann doch irgendwann etwas besser geregelt, heute steht der Bau komplett im Thurgau. Das Dorf selbst ist allerdings noch immer geteilt, deshalb gibt es auch Kefikon ZH und das größere

Die Fußgängerzone von Frauenfeld mit der neubarocken katholischen Kirche

Das schöne Ensemble der beiden Kapellen von Oberkirch

Kefikon TG. Wir verlassen das Dorf Richtung Norden, kommen über die Autobahn und nun tatsächlich auch über die Kantonsgrenze. Denn Ellikon liegt bereits im Zürcher Gebiet. Nach den ersten Häusern fallen uns die klassizistischen Bauten der Heilanstalt (noch immer eine Klinik) aus dem frühen 19. Jahrhundert auf, dann geht es leicht hinab ins Ortszentrum, erst rechts und dann an der Großkreuzung wiederum rechts in die Frauenfelderstrasse. Hier kann man kurz einen Abstecher zur hoch gelegenen Kirche machen, einem spätgotischen, barock erneuerten Bau. Wieder einmal geht es länger geradeaus, gleichzeitig zurück in den Thurgau, bis zu den Häusern des Weilers Wald, hier links ab von der Straße, leicht bergab auf das Schulhaus mit Türmchen von Erzenholz zu. Vor diesem dann rechts auf die Straße und wieder lange geradeaus bis über die Autobahn, weiter geradeaus bis zum Kreisel, den wir schon kennen, bis zum Bahnhof und nun sind wir in der Innenstadt von Frauenfeld.

Frauenfeld Die Kantonshauptstadt ist äußerst sehenswert und lädt zum Einkaufsbummel, zum Kulturbesuch zahlreicher Museen und historischer Bauten oder in eine ihrer Gastwirtschaften ein. Historischer Mittelpunkt ist das alte Schloss mit seinem markanten, für die Region typischen Turm – hier ist das unbedingt sehenswerte Historische Museum des Thurgaus untergebracht. An der Fußgängerzone befinden sich – neben vielen stattlichen Gebäuden, die Frauenfelds Funktion als Regierungssitz unterstreichen –

Schloss Frauenfeld

die reformierte und am Ende die nicht zu übersehende neubarocke katholische Kirche. Von den Sakralbauten ist außerdem noch die etwas außerhalb gelegene paritätische Kapelle im Stadtteil Oberkirch zu empfehlen, eine der ältesten Kirchen der Region, zudem gibt es auch ein kleines Kapuzinerkloster. Weitere Museen finden sich mit dem preisgekrönten Naturmuseum und dem Archäologischen Museum, wo uns natürlich auch die Geschichte Pfyns wiederbegegnet. Die Jugend liebt das international bedeutende Openair-Festival am Militärgelände, die noch etwas jüngere Generation den Plättli-Zoo mit viel Gelegenheit zur ganz nahen Begegnung mit den dort lebenden Tieren. Insgesamt kann man viel Zeit in Frauenfeld verbringen, einer Stadt, die zwar vom industriellen Aufschwung geprägt wurde (und wird), die aber im Kern ihren historischen und gemütlichen Charme bewahrt hat. Von dort geht es auf bereits bekanntem Weg zurück nach Pfyn.

Bodensee-Erfahrung: Kartause Ittingen

Wir kommen nahe an ihm vorbei, dem einzigen Kartäuserkloster der Nordschweiz, einst gegründet als Augustinerchorherrenstift (1150) und nach wechselvoller Geschichte mit Übergang an die strengen Kartäuser und der Auflösung 1848 heute ein kulturelles Zentrum des Thurgaus. Die für den Orden, dessen Mönche voneinander getrennt in kleinen Häuschen lebten, typischen Bauten mit der im Innern äußerst prächtigen Kirche werden heute als Sanatorium, Kultur- und Bildungszentrum mit Kunstmuseum genutzt. Es besteht die Möglichkeit zur Übernachtung, zur Einkehr und zum Einkauf der vor Ort produzierten Erzeugnisse (www.kartause.ch).

Für jeden Tag die richtige Tour

1	● Konstanz – Insel Mainau	15 km	20 Hm	1.00 Std.	●	●	●	●		●	●
2	● Insel Reichenau	14 km	15 Hm	1.00 Std.	●	●	●	●		●	●
3	● Engen – Hilzingen – Singen	24 km	50 Hm	1.30 Std.	●		●			●	●
4	● Hilzingen – Tengen – Blumenfeld	30 km	150 Hm	2.00 Std.	●		●	●		●	●
5	● Gottmadingen – Randegg – Kattenhorn – Hemmenhofen	36 km	20 Hm	2.30 Std.	●	●	●	●		●	●
6	● Ludwigshafen – Sipplingen	21,5 km	185 Hm	2.00 Std.	●		●		●	●	●
7	● Sipplingen – Überlingen – Unteruhldingen	29 km	25 Hm	2.00 Std.	●	●	●	●		●	●
8	● Überlingen – Birnau	12 km	25 Hm	1.00 Std.	●	●	●	●			●
9	● Ravensburg – Markdorf – Bermatingen – Salem	34 km	35 Hm	2.00 Std.	●	●	●		●		●
10	● Meersburg – Hagnau – Breitenbach	13 km	120 Hm	1.00 Std.	●		●	●			●
11	● Konstanz – Meersburg – Immenstaad – Friedrichshafen	28 km	65 Hm	2.00 Std.	●	●	●	●		●	●
12	● Langenargen – Schloss Giessen	17 km	50 Hm	1.00 Std.	●	●	●	●		●	●
13	● Ravensburg – Weingarten – Weissenau	13 km	40 Hm	1.00 Std.	●		●	●		●	●
14	● Friedrichshafen – Eriskirch – Nonnenhorn – Wasserburg – Bregenz	33 km	50 Hm	2.30 Std.	●	●	●	●		●	●
15	● Lindau	9 km	15 Hm	1.00 Std.	●		●			●	●
16	● Bregenz	9 km	25 Hm	1.00 Std.	●		●				●
17	● Feldkirch – Rankweil – Götzis	26 km	45 Hm	1.30 Std.	●	●	●	●		●	●

Nr.		Tour	Länge	Höhenunterschied	Fahrzeit	Einkehr	kindergeeignet	Sehenswürdigkeit	viel Sonne	schattiger Weg	Baden	ÖPNV
18	● blau	Hard – Rheineck – St. Margrethen	20 km	10 Hm	1.30 Std.	●		●	●		●	●
19	● blau	Rheineck – Rorschach – Arbon	17 km	35 Hm	2.00 Std.	●	●	●	●		●	●
20	● rot	St. Gallen	7 km	110 Hm	1.00 Std.	●		●	●		●	●
21	● blau	Kreuzlingen – Münsterlingen – Landschlacht	13 km	20 Hm	1.00 Std.	●	●	●	●		●	●
22	● blau	Gottlieben – Ermatingen – Schloss Arenenberg	13 km	60 Hm	1.00 Std.	●	●	●	●			●
23	● rot	Schaffhausen – Diessenhofen – Stein am Rhein – Öhningen	47 km	45 Hm	3.00 Std.	●	●	●	●		●	●
24	● rot	Bischofszell – Sulgen – Bürglen – Schönholzerswilen	27 km	90 Hm	2.00 Std.	●		●		●		●
25	● blau	Pfyn – Islikon – Ellikon – Frauenfeld	35 km	10 Hm	2.30 Std.	●	●	●	●			●

Piktogramme erleichtern den Überblick

- Länge
- Höhenunterschied
- Fahrzeit
- Einkehr
- kindergeeignet
- Sehenswürdigkeit
- viel Sonne
- schattiger Weg
- Baden
- ÖPNV

Nachwort

Egal, ob Sie dieses Buch nur zur Vorbereitung oder auch zum Nachlesen zur Vertiefung, ob Sie es erst einmal komplett durchgesehen haben, um zu planen, oder nur einzelne Strecken herausgepickt haben: Ich hoffe, Sie hatten das Gefühl, einen guten Wegbegleiter in Händen zu halten bzw. in der Tasche mitzuführen. Vielleicht haben Sie den ein oder anderen Ort vermisst oder während der Fahrt ein interessant erscheinendes Objekt jenseits der Strecke gesehen: Nehmen Sie sich ruhig die Freiheit der Kursänderung – die Region ist so reich an Kultur und Natur, es gibt noch so vieles zu entdecken. Das Buch versteht sich als Auswahl und Orientierung und auch die Länge der beschriebenen Strecken erlaubt Ausflüge von den Touren – oder auch deren Kombination. Das Wichtigste ist, dass Sie sich erholen, dass Sie Freude an der Region haben und sich nach der Lektüre und den Fahrten bereichert fühlen. Das wünsche ich Ihnen!

Benedikt Grimmler

Entstanden wäre solch ein Buch natürlich nicht ohne die Mithilfe zahlreicher Personen und Institutionen, denen für ihre Hilfe ganz herzlich zu danken ist:
Dem Verlag, der mir nicht nur wieder das Vertrauen für ein neues gemeinsames Projekt geschenkt hat, sondern dieses wie immer äußerst kompetent begleitet und umgesetzt hat.
Den verschiedenen Kultur- und Tourismusämtern der Städte und Gemeinden rund um den Bodensee, die bereitwillig Rat und Tat, Auskunft und Hilfe angeboten und zur Verfügung gestellt haben.
Konstantin Pulsack, Michael Moser und Christian Gassner, die mich bei der ein oder anderen Tour begleitet haben.
Und nicht zuletzt meinem Patenonkel, der mir vor sehr, sehr vielen Jahren ein Fahrrad österreichischer Herkunft geschenkt hat, das, zwischenzeitlich einmal generalüberholt, noch immer treue Dienste leistet …

Gewidmet ist dieses Buch Elke Schlote und ihrer Familie.

Register

Ebenfalls erhältlich ...

ISBN 978-3-7343-1858-0

ISBN 978-3-7654-5046-4

BRUCKMANN

www.bruckmann.de

Impressum

Verantwortlich: Dr. Johannes Abdullahi
Redaktion, Lektorat und Satz: mcp concept GmbH
Repro: LUDWIG:media
Kartografie: Bruckmann Verlag GmbH, Heidi Schmalfuß
Herstellung: Alexander Knoll
Printed in Slovenia by Florjancic

★★★★★

Sind Sie mit diesem Titel zufrieden? Dann würden wir uns über Ihre Weiterempfehlung freuen. Erzählen Sie es im Freundeskreis, berichten Sie Ihrem Buchhändler, oder bewerten Sie bei Onlinekauf. Und wenn Sie Kritik, Korrekturen, Aktualisierungen haben, freuen wir uns über Ihre Nachricht an den Bruckmann Verlag, Postfach 40 02 09, D-80702 München oder per E-Mail an lektorat@verlagshaus.de.

Unser komplettes Programm finden Sie unter www.bruckmann.de

Autorenempfehlung
Sie sind auf der Suche nach weiterführender Literatur? Dann empfehlen wir Ihnen den Titel *Deutschlands schönste Radfernwege* von Thorsten Brönner. Oder Sie werfen einen Blick in die Zeitschrift *Bergsteiger*. Hier werden Sie bestimmt fündig.
Ihr Benedikt Grimmler

Bildnachweis:
Alle Bilder im Innenteil stammen vom Autor mit Ausnahme von S. 70 o. shutterstock/ Sergey Dzyuba.
Umschlagvorderseite: Oberhalb des Bodensees bei Rorschach (Tour 19) (mauritius images/ Prisma/Sonderegger Christof)
Umschlagrückseite: Das charmante Stein am Rhein (Tour 23) (Benedikt Grimmler)

Die Deutsche Nationalbibliothek verzeichnet diese Publikation in der Deutschen Nationalbibliografie; detaillierte bibliografische Daten sind im Internet über http://dnb.d-nb.de abrufbar.

Infanteriestraße 11a
80797 München

ISBN 978-3-7343-2081-1